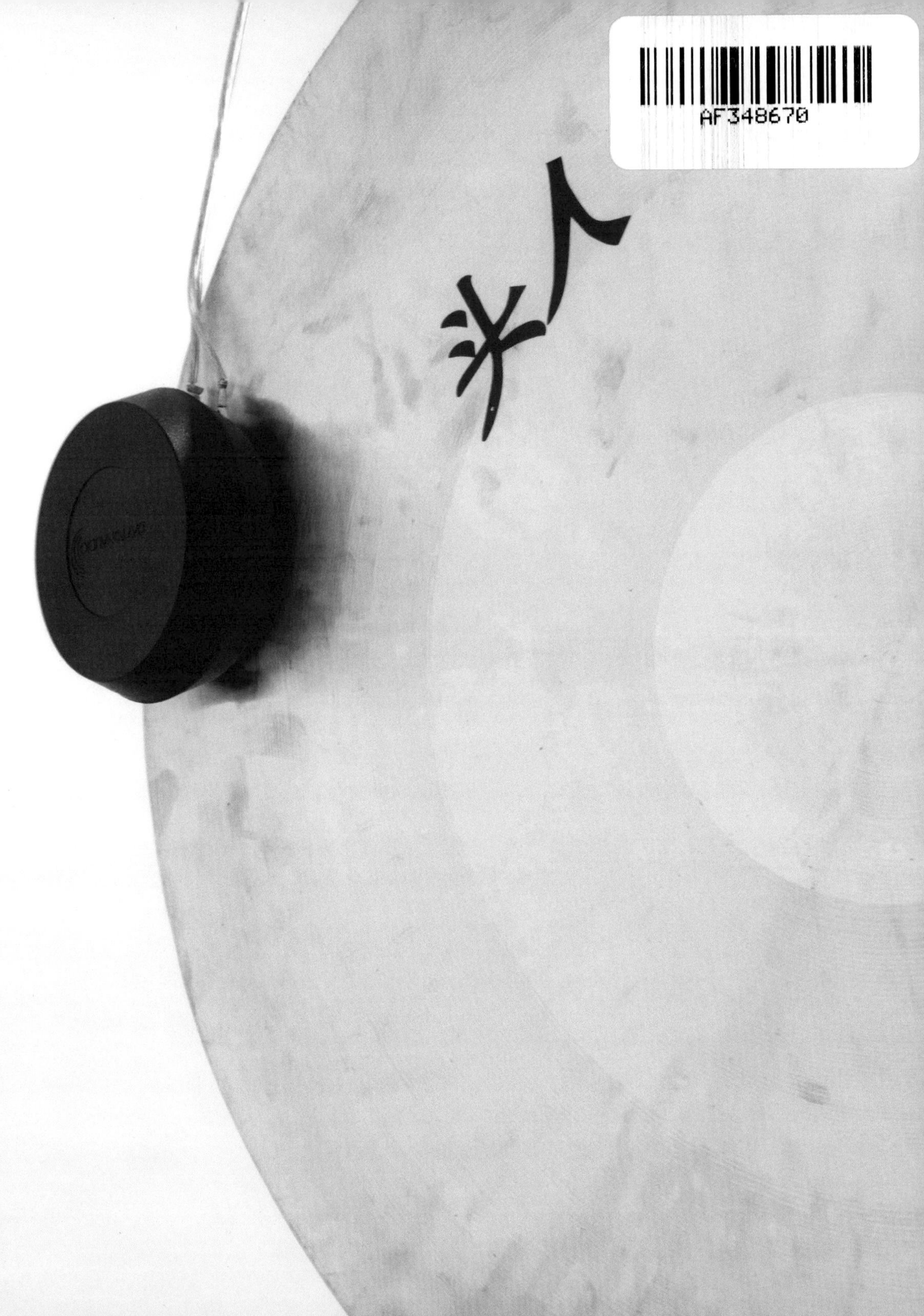
AF348670

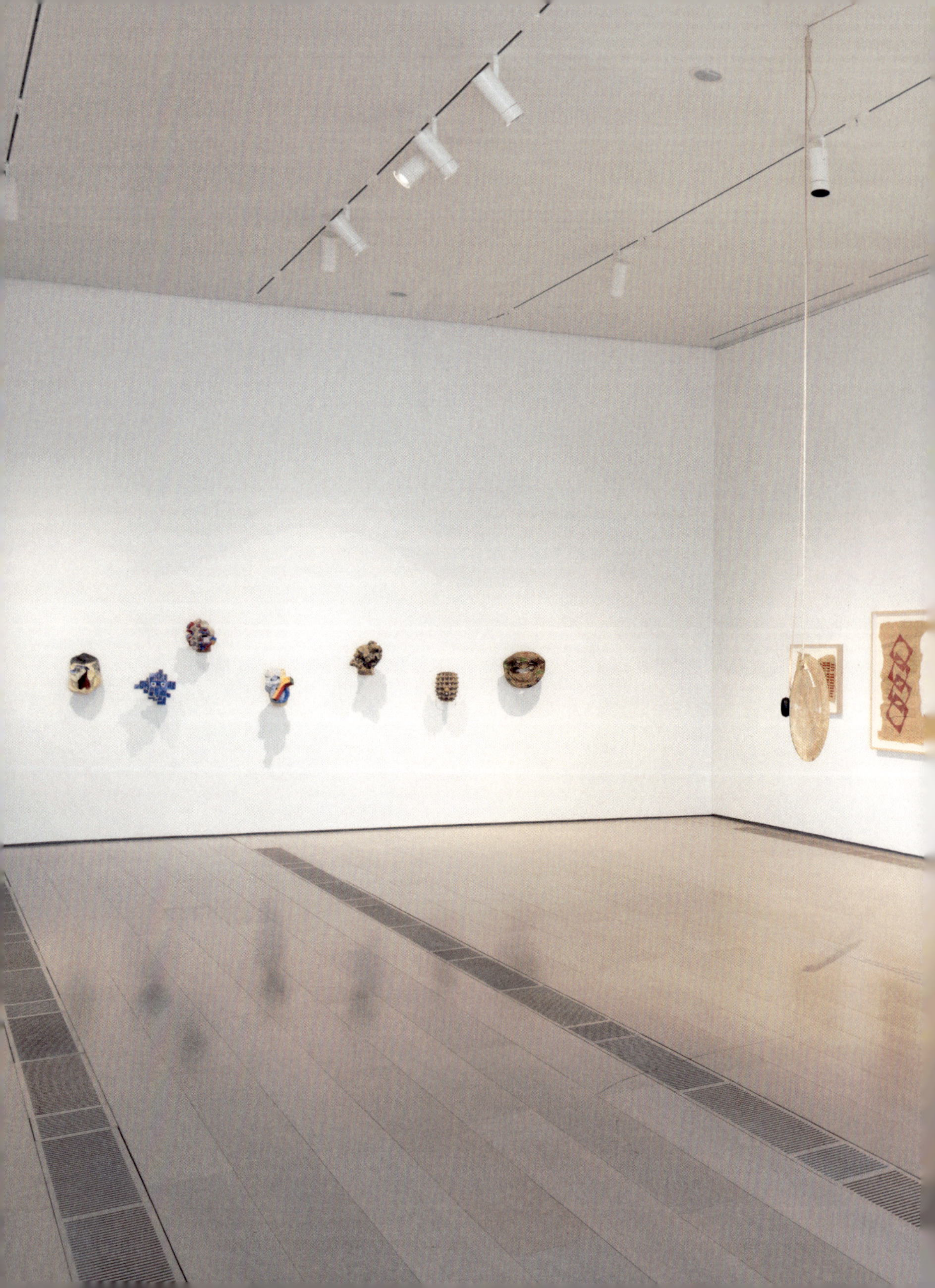

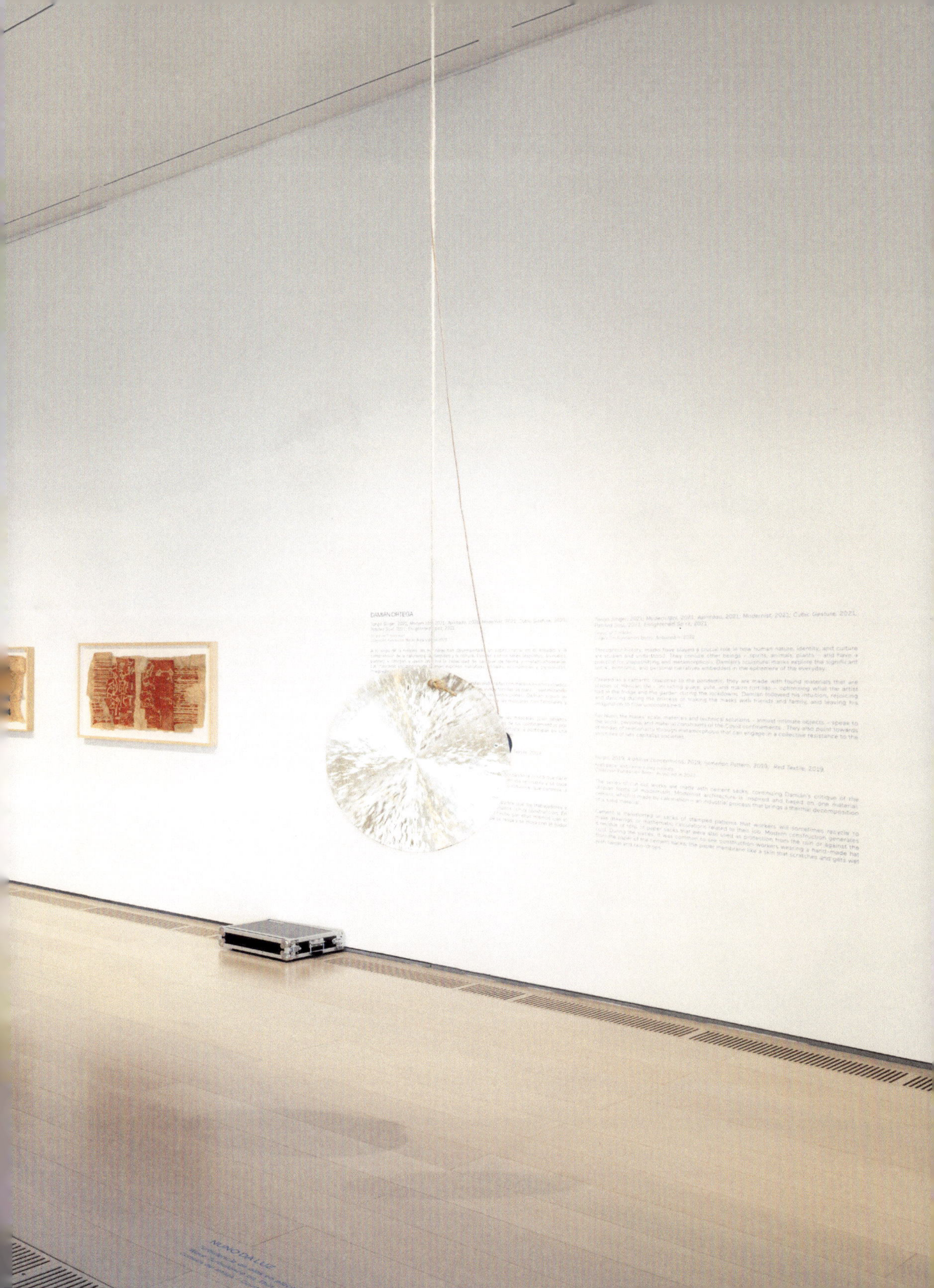

DAMIÁN ORTEGA
Tongo Singer, 2021; Modern Idol, 2021; Apinhead, 2021; Modernist, 2021; Cubic Gesture, 2021; Potted Soul, 2021; Enlightened Spirit, 2021

Throughout history, masks have played a crucial role in how human nature, identity, and culture are shown and understood. They convoke other beings – spirits, animals, plants – and have a capacity for shapeshifting and metamorphosis. Damián's sculpture masks explore the significant ..., emotions, and personal narratives embedded in the ephemera of the everyday.

Created as a cathartic response to the pandemic, they are made with found materials that are ... of Mexican life – including avaya, jute, and maize tortillas – optimizing what the artist ... the bridge and the garden during the lockdowns. Damián followed his intuition, rejoicing ... dancing during the process of making the masks with friends and family, and leaving his signature in flow unconstrained.

For Nuri, the masks' scale, materials and technical solutions – almost intimate objects – speak to the local, personal and material constraints of the Covid confinements. They also point towards an idea of resistance through metamorphosis that can engage in a collective resistance to the priorities of late capitalist societies.

Single, 2019; a yellow consciousness, 2019; Xeriation Pattern, 2019; Red Textile, 2019

The series of cut-out works are made with cement sacks, continuing Damián's critique of the utopian forms of modernism. Modernist architecture is inspired and based on one material: cement, which is made by calcination – an industrial process that brings a thermal decomposition of its raw material.

Cement is transformed in sacks of stamped patterns that workers will sometimes recycle to make drawings, or mathematic calculation related to their job. Modern construction generates a surplus of this, of paper sacks that were also used as protection from the rain or against the cold during the jobs. It was common to see construction workers wearing a hand-made hat from the paper of the cement sacks the paper membrane like a skin that scratches and gets wet with rain and raindrops.

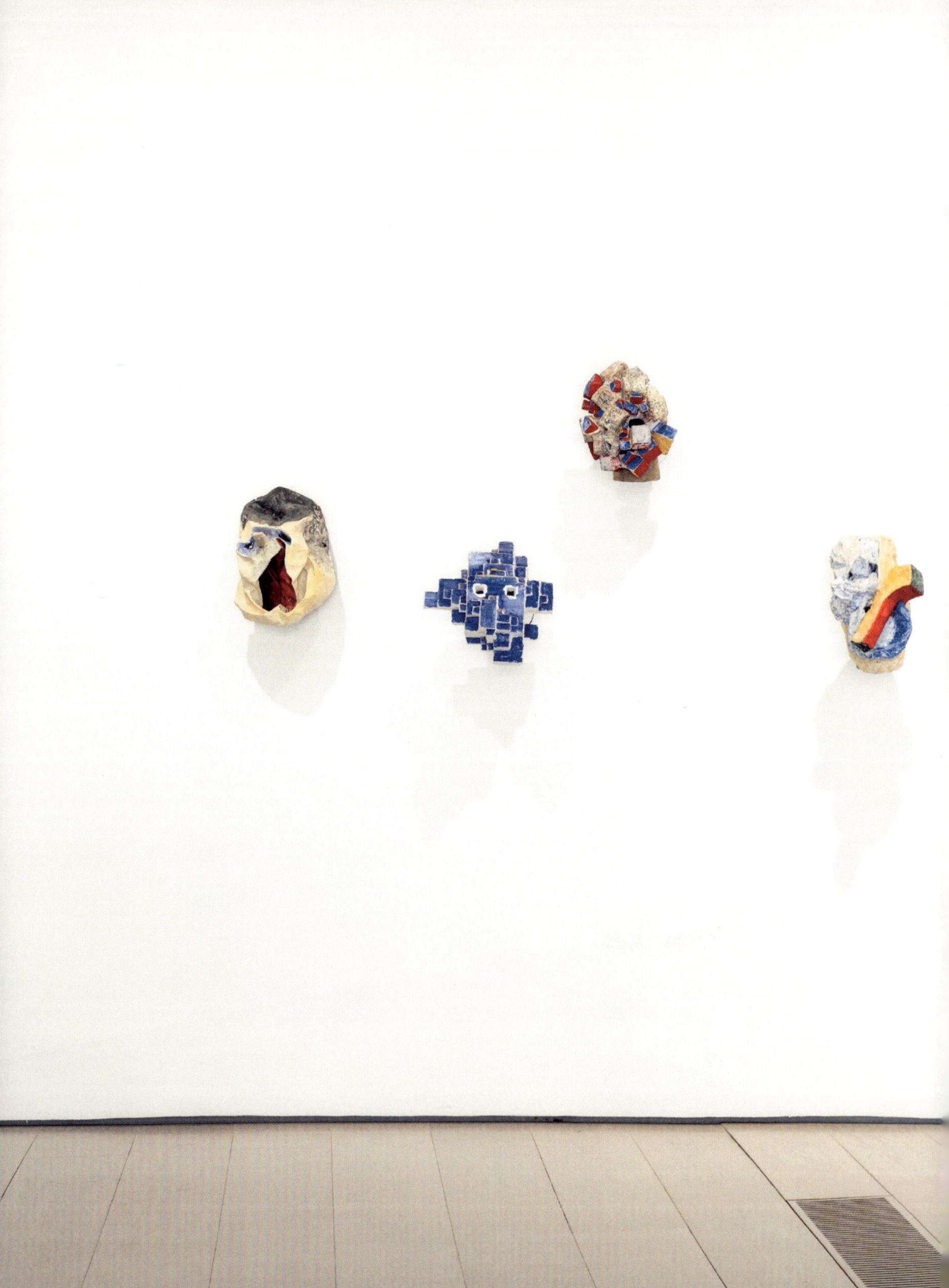

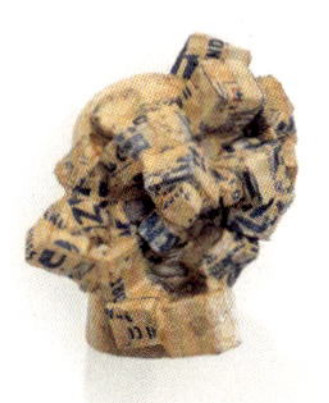
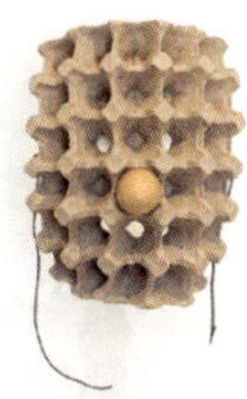
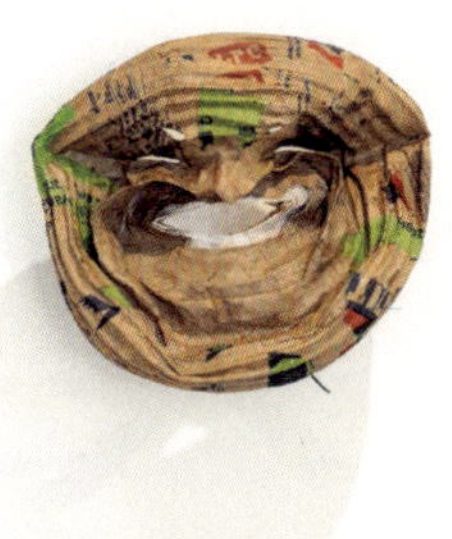

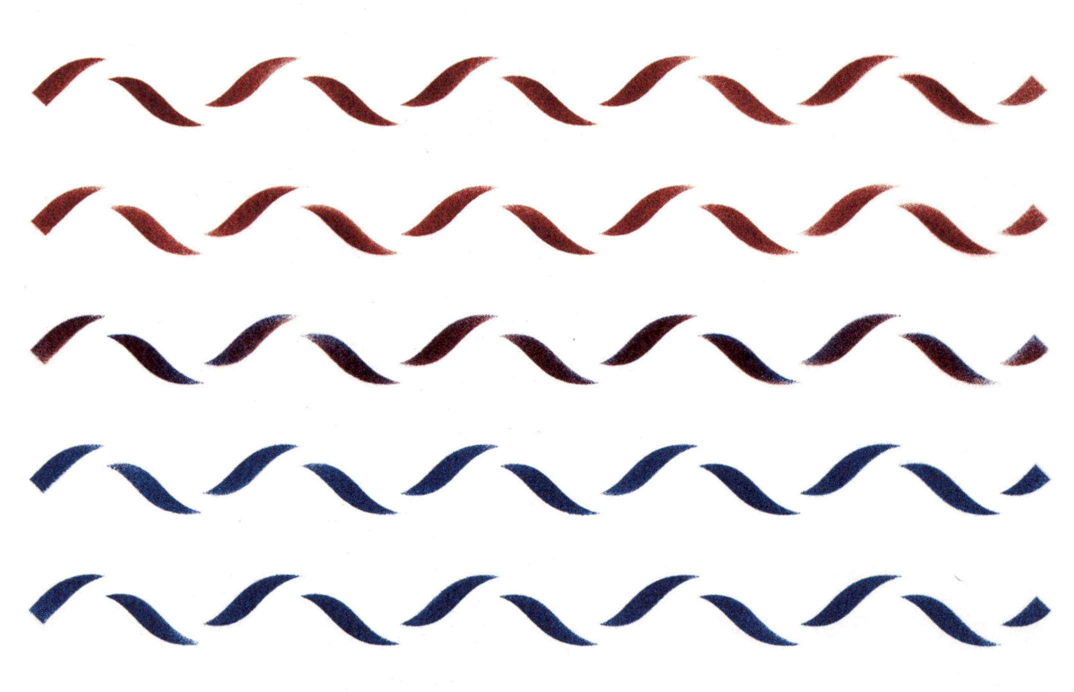

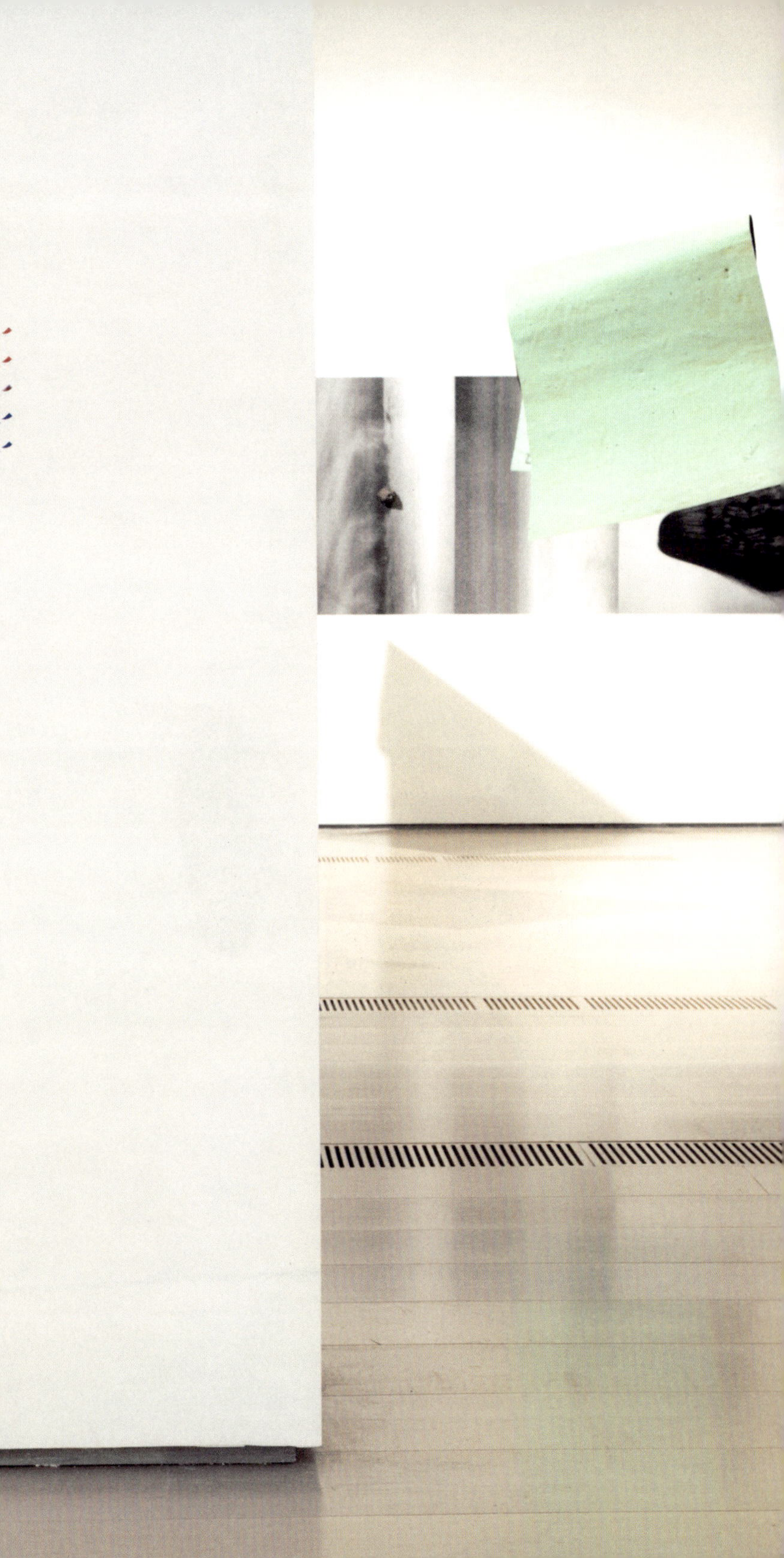

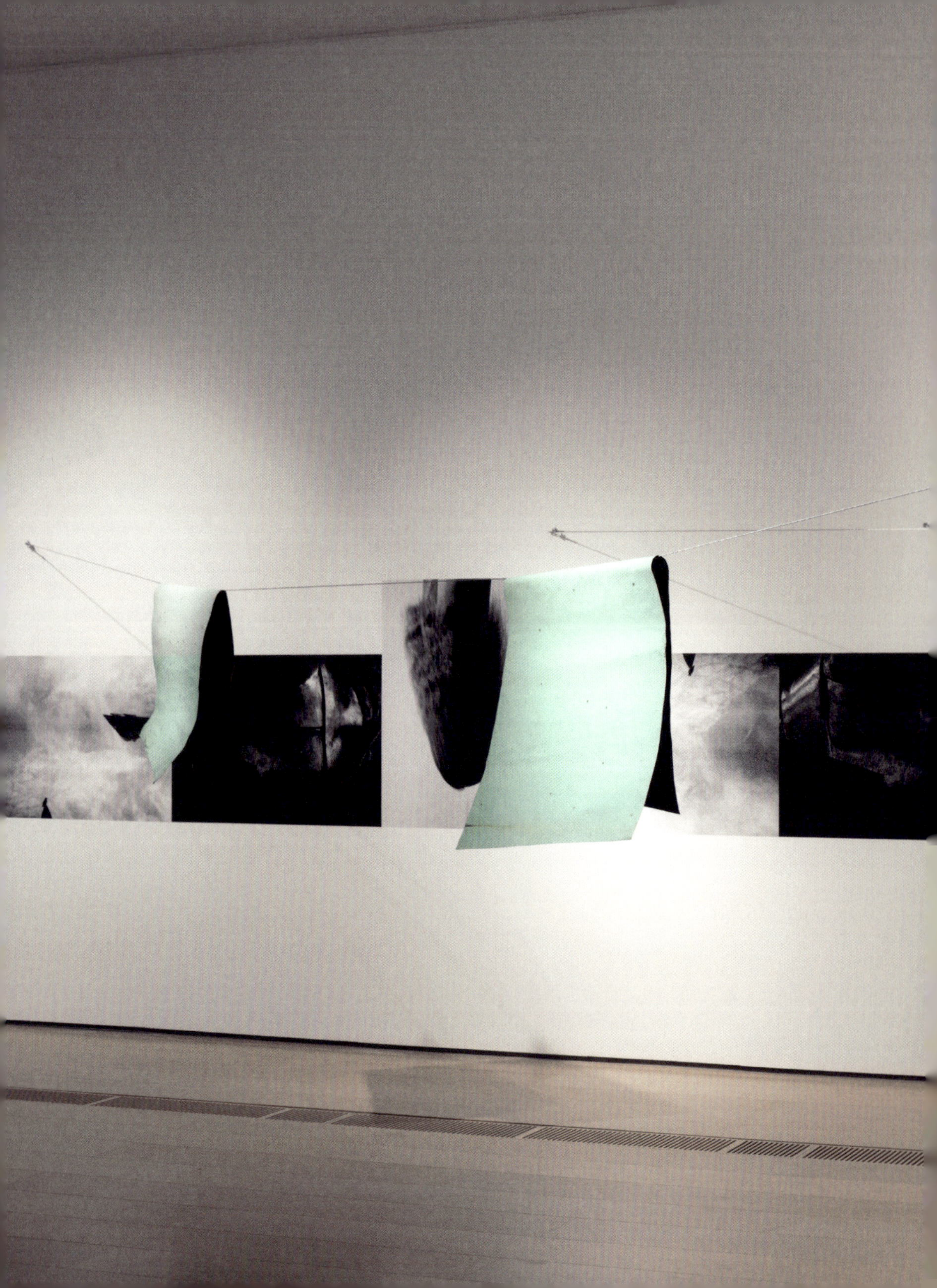

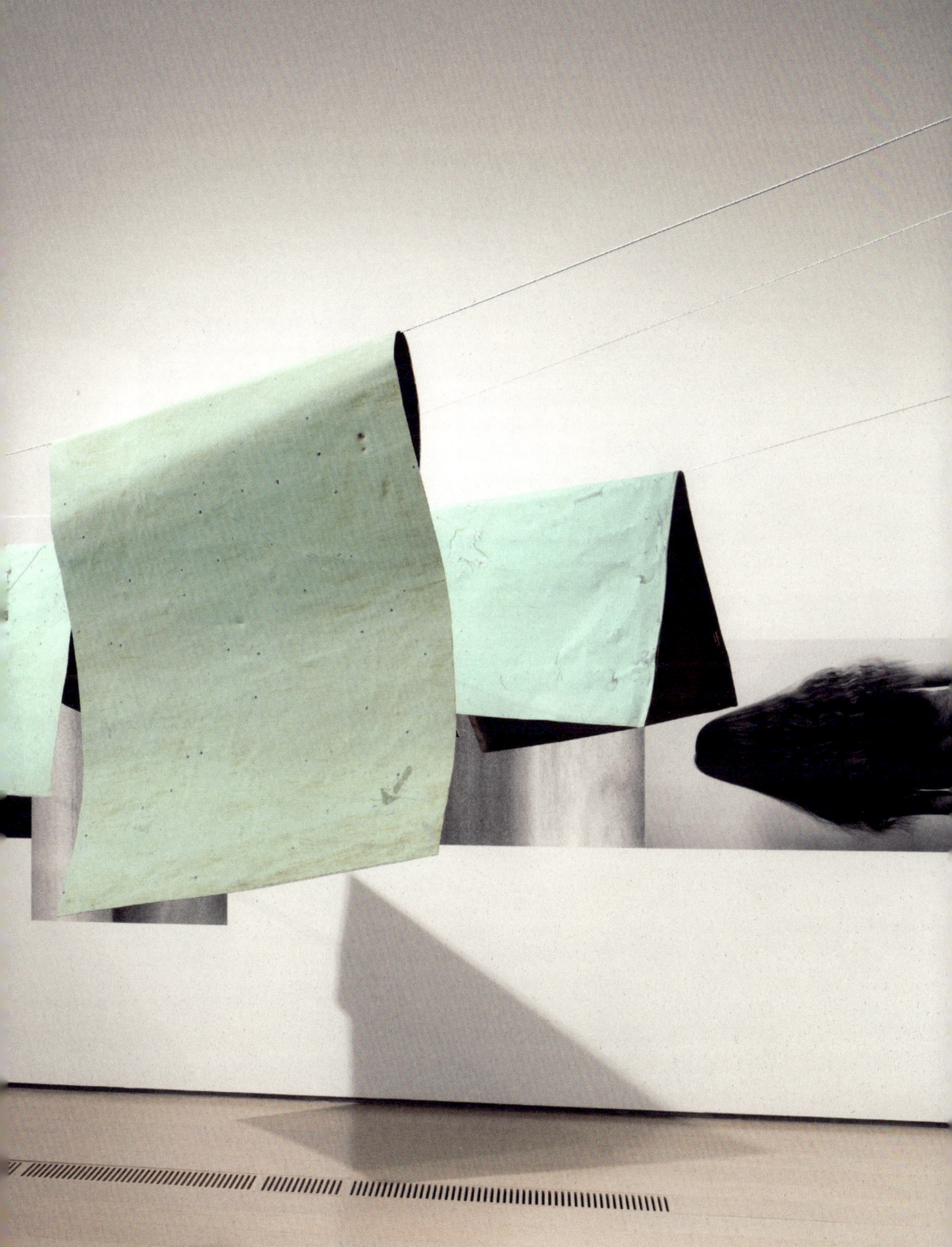

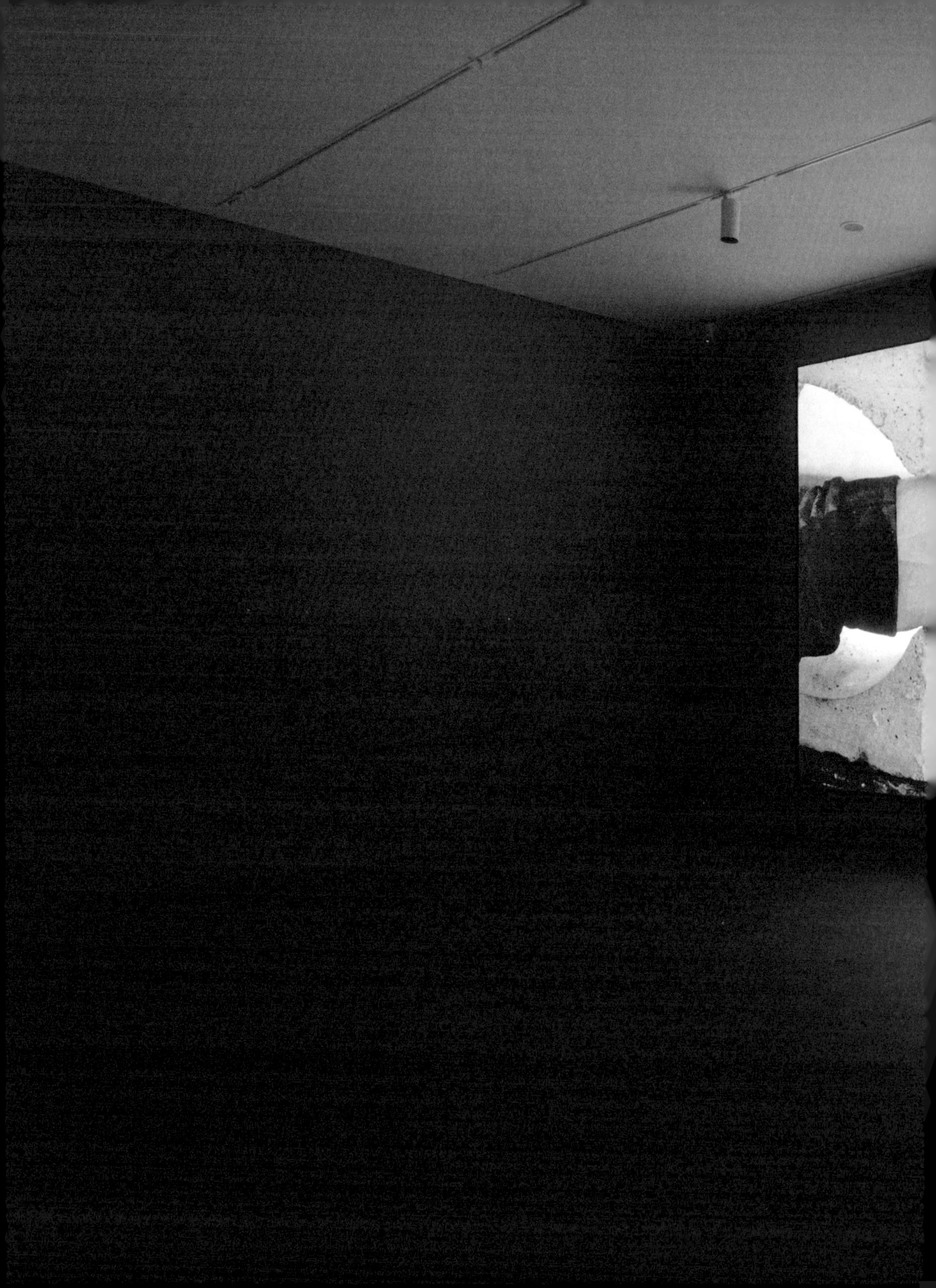

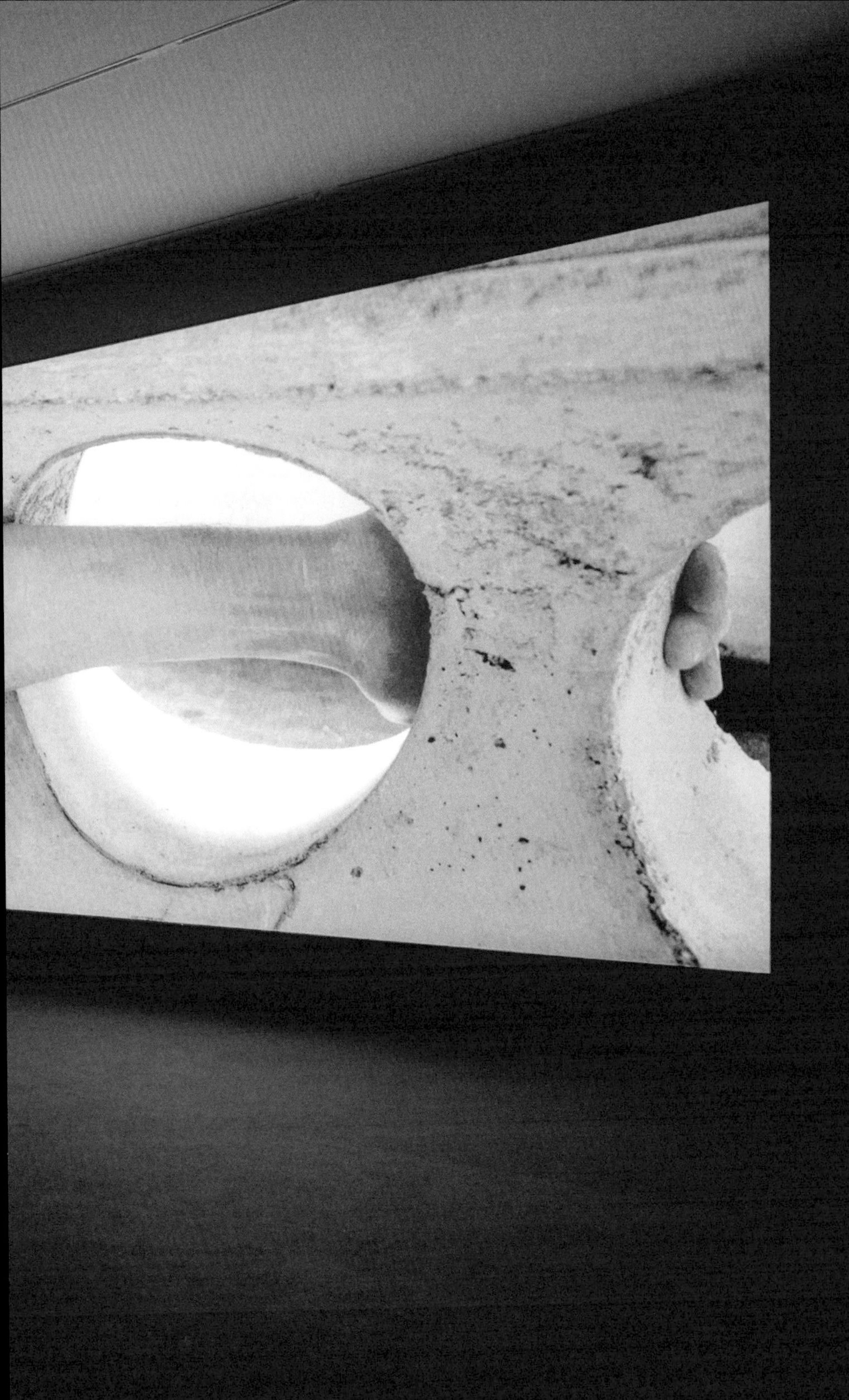

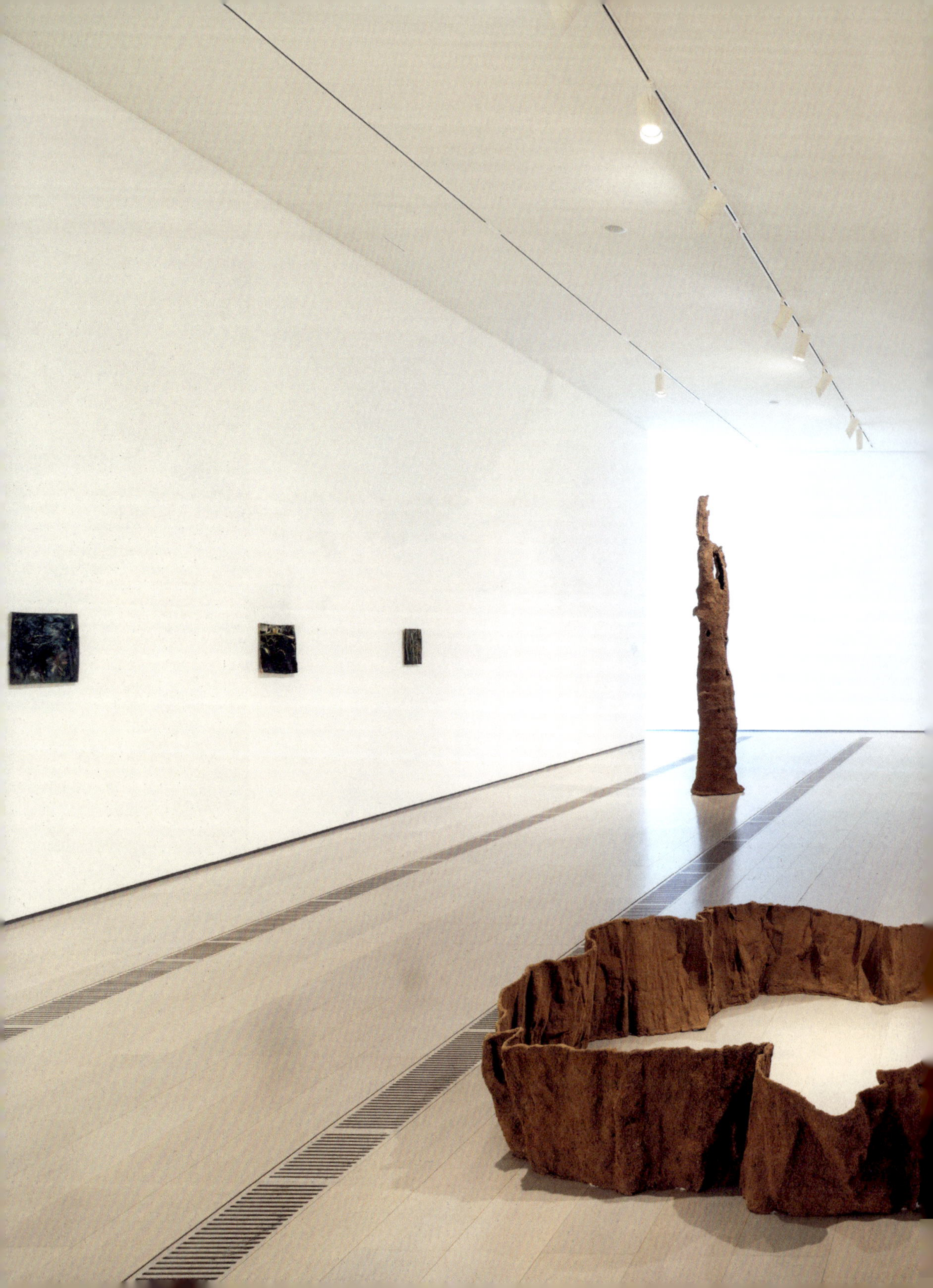

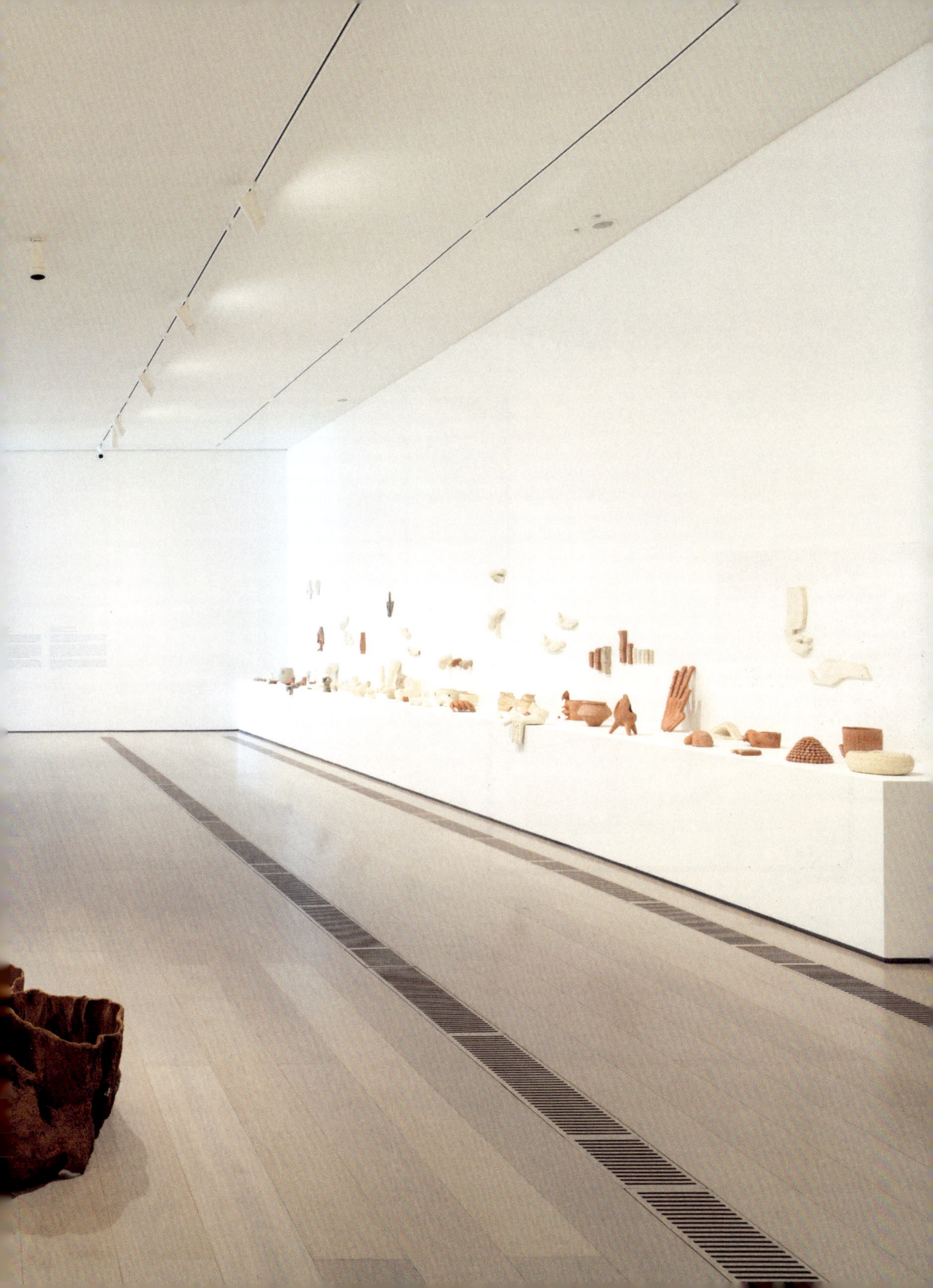

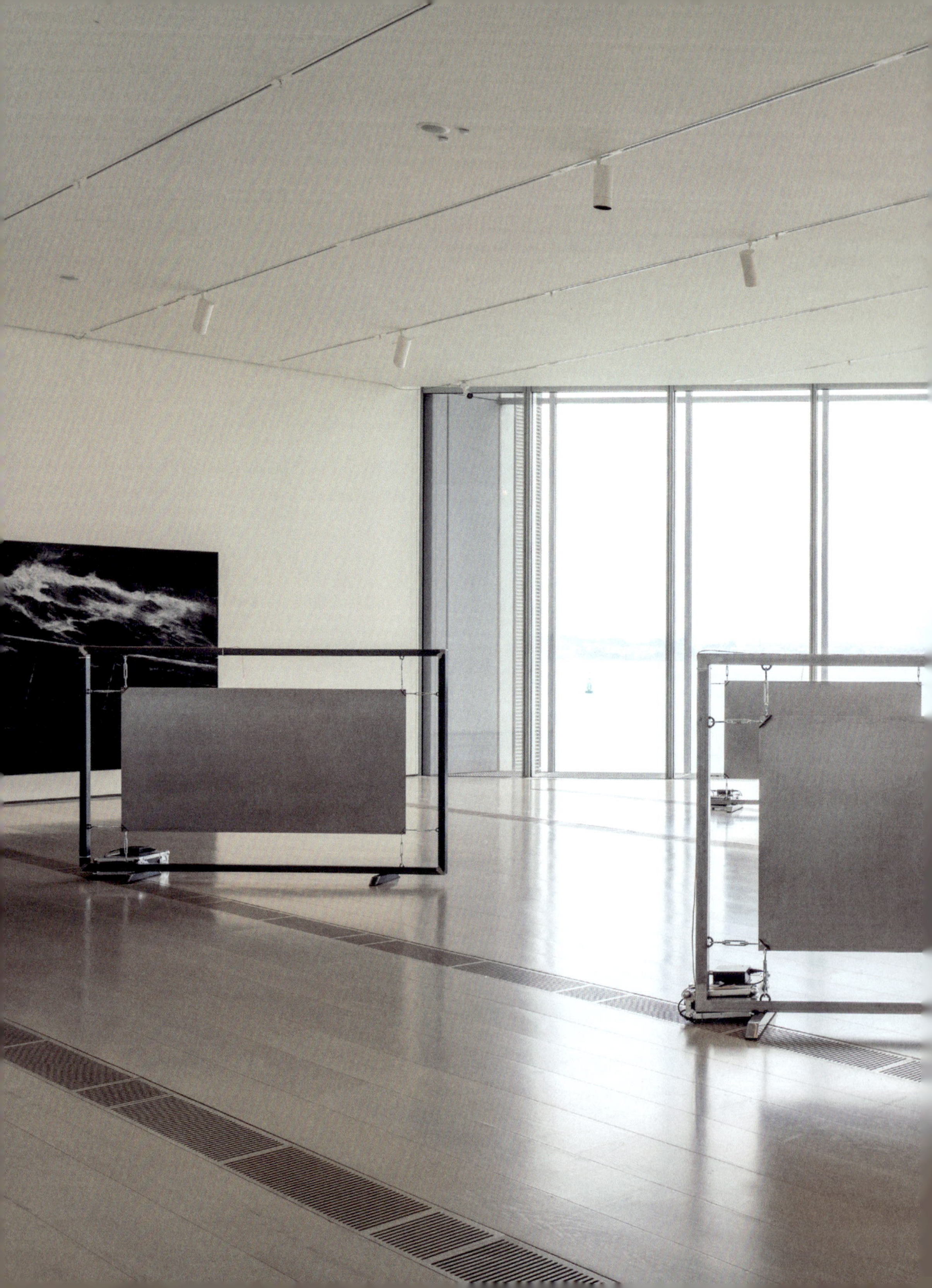

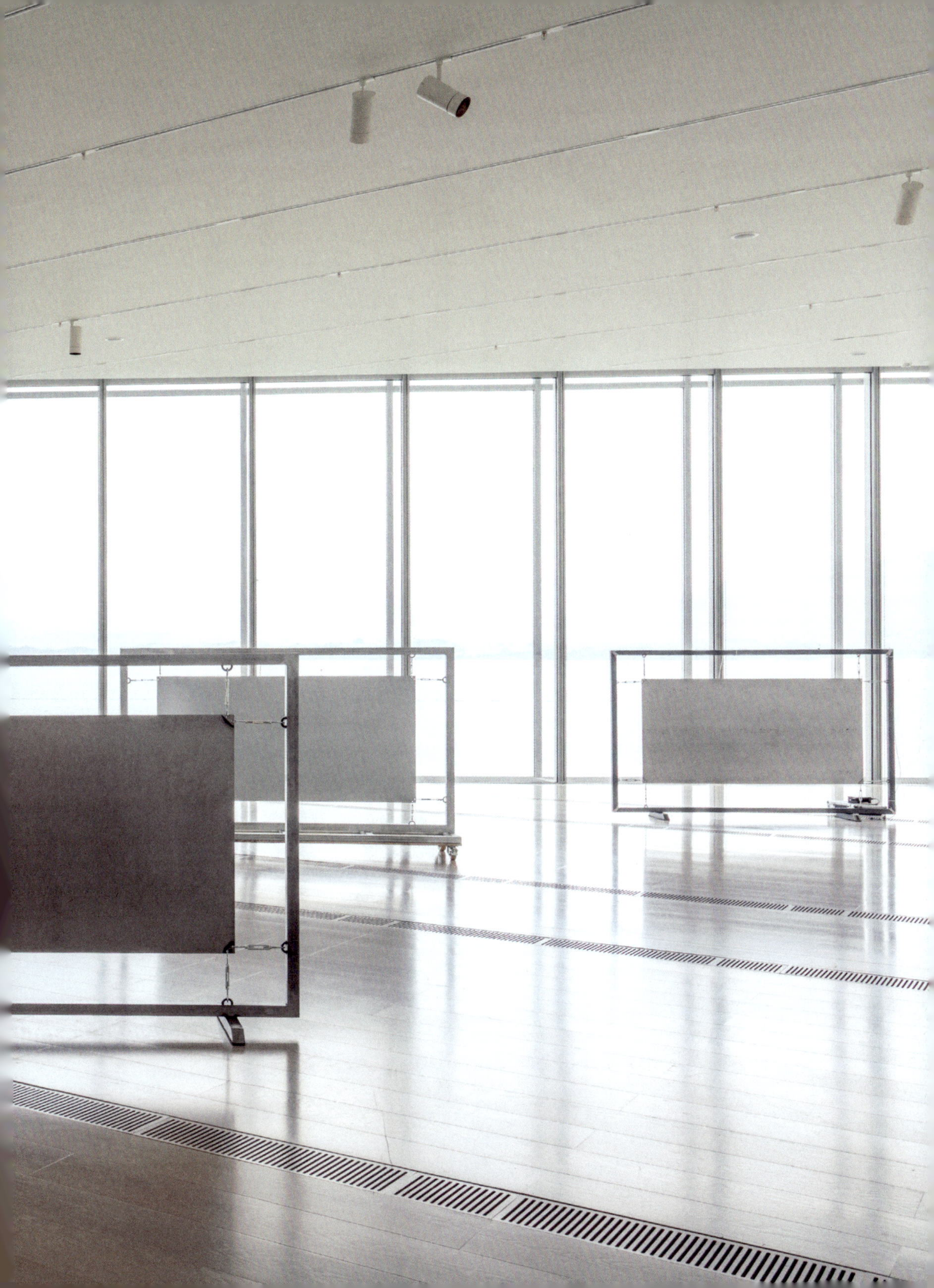

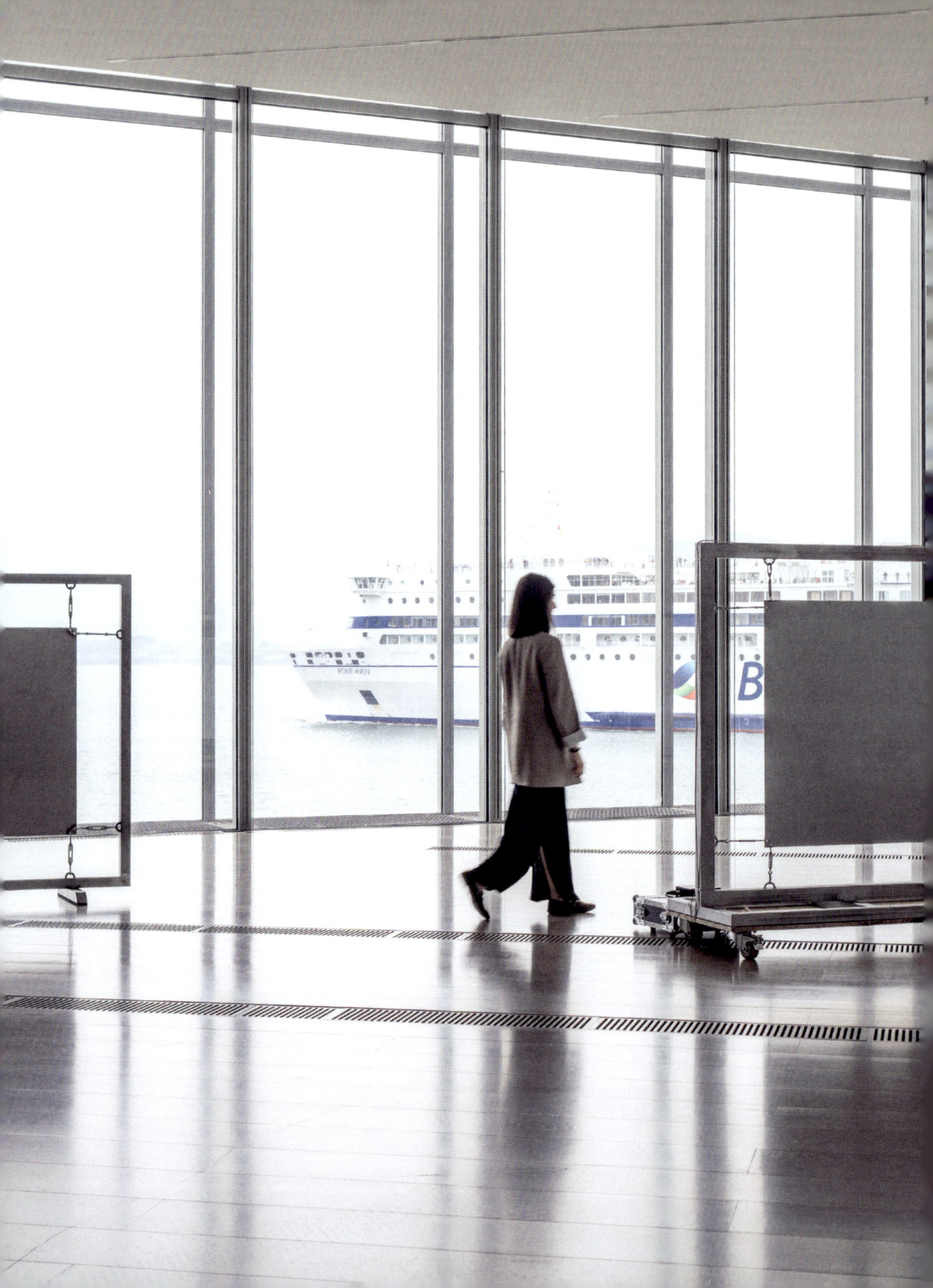

ENREDOS II:
NUNO DA LUZ

CENTRO BOTÍN
MOUSSE PUBLISHING

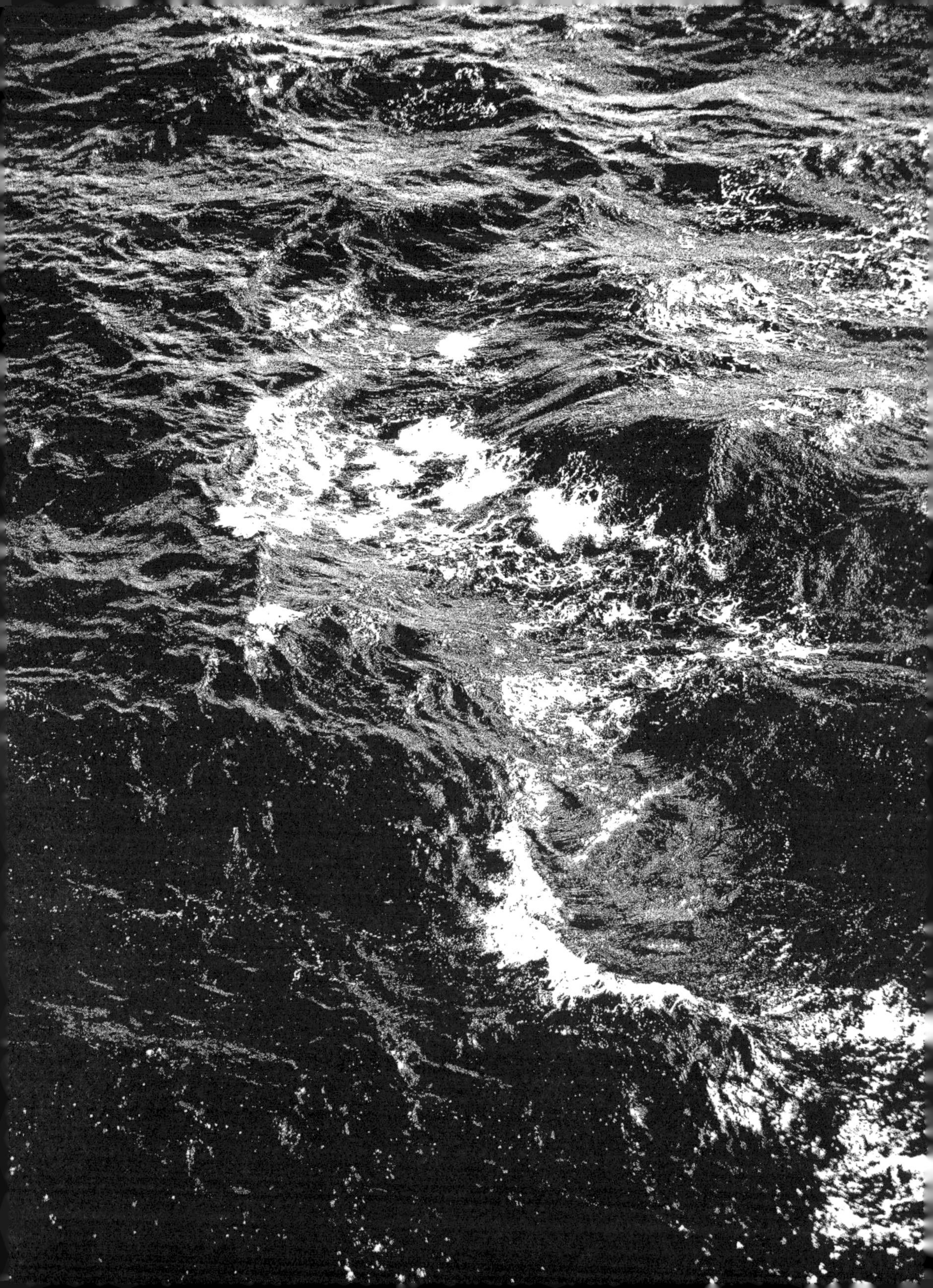

PRÓLOGO
Bárbara Rodríguez Muñoz

Enredos II: Nuno da Luz propone una relación atmosférica y resonante entre las instalaciones de sonido de Nuno y una cuidada selección de obras de la colección de arte de la Fundación Botín, extendiéndola a la arquitectura de la sala expositiva del Centro Botín y a las personas que disfrutan de ella. Nuno ha transformado las frecuencias de las olas y los vientos de la bahía de Santander entrelazándolas con las propias oscilaciones del edificio y con una selección de obras de la colección de la Fundación Botín de artistas que, como él, fueron beneficiarios de nuestras Becas de Arte: Javier Arce, Katinka Bock, June Crespo, Eva Fàbregas, Asier Mendizabal y Jorge Satorre, así como obras de Tacita Dean y Damián Ortega, quienes participaron en nuestro programa de arte como directores de taller y, por tanto, también están presentes en la colección.

Como indica la autora del ensayo del catálogo, Gascia Ouzounian, la obra de Nuno da Luz (Lisboa, 1984) puede definirse como «arte ambiental» que, además de dedicarse a procesos ambientales —como el tiempo meteorológico y el cambio climático—, traduce las intensidades, ritmos y patrones de estos fenómenos en sonidos que trasforman los espacios y la arquitectura. El artista genera espacios de escucha compartida que nos animan a «ser todo oídos», no como un mero acto de percepción, sino como una manera de establecer modos de relación colectivos, sensibles y críticos. Se trata de una práctica artística que trabaja la fisicidad del sonido, es decir, que insiste en cómo las ondas sonoras se perciben tanto a través del oído como a través del cuerpo, implicándonos con el entorno natural que nos rodea y con otros cuerpos, ya sean orgánicos o artificiales. En palabras de Nuno:

> «Aunque el oído no sea más que uno de nuestros sentidos —una de nuestras muchas puertas de percepción—, me parece intrínsecamente ambiental. Las ondas sonoras conectan el entorno con el propio cuerpo, ya que la escucha conlleva una implicación física con el medio en el que nos encontramos: al hablar de la audición a través de los oídos, nuestros tímpanos son golpeados

repetidamente por el aire que se pone en movimiento por presiones sónicas específicas, desde las más diminutas hasta las más fuertes.»

La exposición incluye tres nuevas instalaciones de sonido producidas por la Fundación Botín. *Bay of Santander Sonic Disposal Service* (servicio de eliminación sónica de la bahía de Santander), 2025, está repartida en cuatro puntos de escucha ocultos en los muros de la sala. En cada punto, una serie de transductores «sonifica» índices proporcionados por el Centro Oceanográfico de Santander (Instituto Español de Oceanografía, IEO-CSIC) que incluyen la temperatura del agua, la salinidad, la velocidad del viento y la altura máxima de las olas. La obra *Foghorn* (Bocina de niebla), 2025 está situada en la pequeña sala acristalada de la planta 1, desde donde se pueden apreciar las poblaciones de Pedreña y Somo, el estuario del Miera y, más al este, las dunas del Puntal. Nuno transforma el sonido de la bocina de una embarcación que suena durante aproximadamente 30 minutos, el mismo intervalo de tiempo programado en verano entre las salidas de las embarcaciones junto al Palacete del Embarcadero con destino a la playa del Puntal. La instalación principal, *Collected Airs* (Aires recogidos), 2025, está producida con el apoyo de la Embajada de Portugal en España. Programa cultural Portugal-España: 50 años de Cultura y Democracia. Nuno ha creado un conjunto de unidades de reverberación: placas de acero equipadas con un transductor que convierte las señales de audio en vibración física. El artista ha invitado a distintos intérpretes de la escena musical portuguesa a improvisar con cada unidad de reverberación una vez al mes a lo largo de esta exposición: Pedro Alves Sousa, Inês Tartaruga Água y Xavier Paes, João Pais Filipe, Angélica Salvi y Margarida Garcia. Sus improvisaciones serán grabadas por cada unidad junto con una emisión en directo de sonidos ambientales procedentes del exterior del Centro Botín.

Durante el proceso de desarrollo de la exposición, Nuno ha mantenido conversaciones con los artistas implicados en la muestra, encontrando intereses, sensibilidades y lenguajes comunes como, por ejemplo, la implicación con la libre interpretación musical como un espacio de resistencia colectivo; la relación con la naturaleza desde una perspectiva «eco-poética», es decir, comprometida con las problemáticas y esencias del lugar; o la fascinación por la transformación de la energía y los materiales de trabajo en los procesos artísticos. Sin embargo, más allá de estos lugares comunes, la vinculación de estas obras de Nuno con la colección, la arquitectura y el entorno del Centro Botín se puede entender a través de la «resonancia simpática», es decir, un tipo de co-resonancia que se da sin contacto alguno entre objetos cuando un cuerpo en estado de reposo responde a vibraciones externas de otros con los que tiene semejanzas armónicas.

Esta colaboración con Nuno supone la segunda edición de *Enredos,* un programa que busca continuar apoyando y colaborando con artistas que han disfrutado de una Beca de Arte de la Fundación Botín, vinculándolos de nuevo con la colección de la Fundación Botín, el propio edificio del Centro Botín y sus públicos. Ha sido un honor acompañar a Nuno en el proceso de dar forma a este «cuerpo resonante» e imaginar con él cómo la invisibilidad de las prácticas de sonido y sus afectos pueden trasladarse al formato más disciplinado de un libro. El libro comienza con un ensayo de la historiadora del sonido y profesora en la Universidad de Oxford, Gascia Ouzounian, que articula la práctica ecológica y ambiental de Nuno y cómo, a través de su obra, las energías de un entorno modulan otro, revelando la interconexión de lugares aparentemente distintos. También cuenta con un texto de Alejandro Alonso Díaz, comisario e investigador, el cual describe, de una manera poética y personal, los distintos sonidos de la bahía de Santander —los tintineos de los mástiles, el grito de las gaviotas, el rugido de un buque o el silencio de las algas— a la vez que recalca la capacidad del sonido para implicarnos a los unos con los otros, y con todo lo que nos rodea. La publicación se completa con una entrevista a Nuno que articula la relación entre sus obras y las de la colección de la Fundación Botín como una resonancia «en simpatía»; finaliza con unas notas de Nuno sobre el programa de improvisaciones de artistas del contexto portugués, entendiendo la improvisación libre, en palabras de Nuno, como «la constatación de que la libertad tiene lugar, no como un ideal o un horizonte político, sino como un torrente de expresión del espíritu interior».

Queremos agradecer a los autores de esta publicación por sus esclarecedores y cercanos textos, así como al equipo de Mousse Publishing, Ilaria Bombelli y Matteo Gualandris por su cuidado diseño y atención en la colaboración con Nuno. Gracias de corazón a los artistas cuyas obras se incluyen en la muestra, por dejarse enredar de nuevo con nuestro programa; Javier Arce, Katinka Bock, June Crespo, Tacita Dean, Eva Fàbregas, Asier Mendizabal, Damián Ortega y Jorge Satorre. Finalmente, nuestros más sinceros agradecimientos a Nuno da Luz, por su sensibilidad, generosidad y compromiso, y por haber sido un maravilloso colaborador para todo el equipo del Centro Botín.

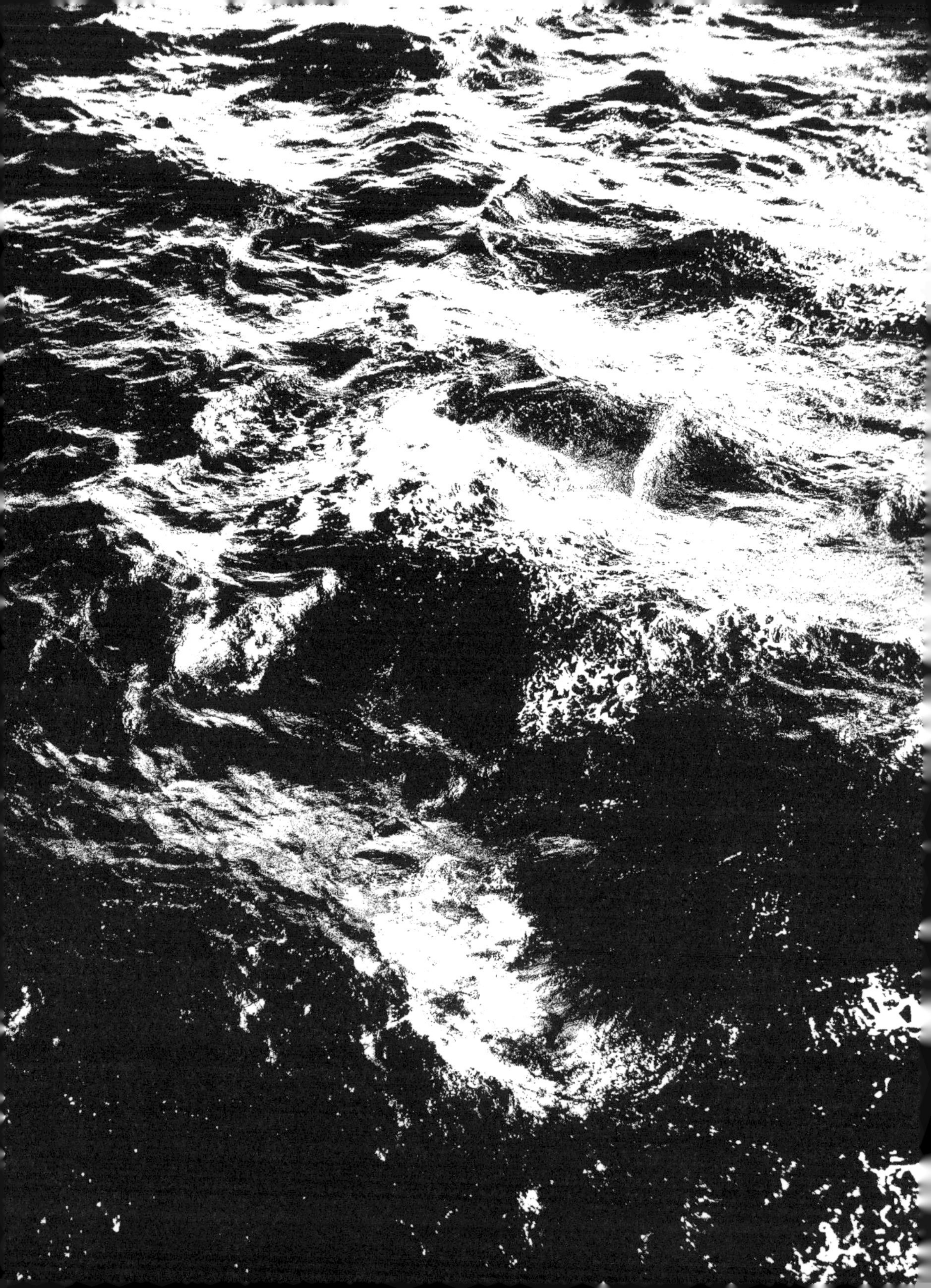

FOREWORD
Bárbara Rodríguez Muñoz

Enredos II: Nuno da Luz proposes an atmospheric and resonant relationship between Nuno's sound installations and a careful selection of works from Fundación Botín Collection, extending this dialogue to the architecture of the exhibition space and to the people who enjoy it. Nuno has transformed the frequencies of the waves and wind of the Bay of Santander, intertwining them with the oscillations of the building itself and with a selection of works from artists in Fundación Botín Collection who, like him, received one of our Art Grants: Javier Arce, Katinka Bock, June Crespo, Eva Fàbregas, Asier Mendizabal and Jorge Satorre, in addition to works by Tacita Dean and Damián Ortega, who participated in our art program as workshop directors and as such are also represented in the collection.

As noted by Gascia Ouzounian, the author of the catalogue essay, the work of Nuno da Luz (Lisbon, 1984) can be categorised as "environmental art" which, aside from dealing with environmental processes — like weather and climate change — translates the intensities, rhythms and patterns of these phenomena into sounds that transform spaces and architecture. The artist creates shared listening spaces that encourage us to "be all ears," not merely as an act of perception, but rather as a way of establishing collective, sensitive and critical modes of relation. His artistic practice engages with the physicality of sound, that is, it emphasises how sound waves are perceived not only through the ears but the body, too, connecting us with the natural environment that surrounds us and with other bodies, be they organic or artificial. In Nuno's words:

> Although hearing is but one of our senses — one of our many doors of perception — it seems intrinsically environmental to me. Sound waves connect the environment to one's own body, since listening involves a physical engagement with the environment we find ourselves in: when we talk about hearing through the ears, our eardrums are repeatedly hit by air that is set in motion by specific sonic pressures, from the very faint to the very strong.

The exhibition includes three new sound installations produced by Fundación Botín. *Bay of Santander Sonic Disposal Service*, 2025, is divided into four listening points hidden in the walls of the exhibition space. At each point, a series of transducers "sonify" data provided by the Oceanographic Centre of Santander (Instituto Español de Oceanografía, IEO-CSIC) including water temperature, salinity, wind speed and maximum wave height. The work *Foghorn*, 2025 is set in the small glass room on the first floor, with views of the towns of Pedreña and Somo, the Miera estuary and, further east, the dunes of Puntal. Nuno transforms the sound of a boat horn, which blows for approximately 30 minutes; the same interval of time scheduled between boats departing from Palacete del Embarcadero to Puntal beach during summer season. The main installation, *Collected Airs*, 2025, is produced with the support of the Portuguese Embassy in Spain and the Portugal-Spain Cultural Programme: 50 years of Culture and Democracy. Nuno has created a set of reverberation units: steel plates equipped with a transducer that converts audio signals into physical vibration. The artist has invited different performers from the Portuguese music scene to improvise with each reverberation unit once a month over the course of the exhibition: Pedro Alves Sousa, Inês Tartaruga Água and Xavier Paes, João Pais Filipe, Angélica Salvi and Margarida Garcia. Each unit will record their improvisations together with a live broadcast of ambient sounds from outside Centro Botín.

While developing the exhibition, Nuno held conversations with the artists participating in the show, finding common interests, concerns and languages, such as the involvement with the free music scene as a space of collective resistance; the relationship with nature from an "eco-poetic" perspective, that is, one committed to the problems and essences of a place; or the fascination with the transformation of energy and working materials within the artistic process. However, beyond these common places, the link between Nuno's works and the collection, the architecture and the surroundings of Centro Botín can be understood through "sympathetic resonance," meaning a type of co-resonance that occurs without any contact between objects when a body in a state of rest responds to the external vibrations of others, with which it bears harmonic similarities.

This collaboration with Nuno marks the second edition of *Enredos*, a programme that seeks to continue supporting and collaborating with artists who have been beneficiaries of a Fundación Botín Art Grant while reconnecting them with Fundación Botín Collection, the Centro Botín building itself and its audiences. It has been an honour to accompany Nuno in the process of shaping this "resonant body" and to imagine with him how the invisibility of sound practices and their affects can be translated into the more disciplined format of a book. The book begins with an essay by sound historian and Oxford University lecturer Gascia Ouzounian, who articulates Nuno's ecological and environmental practice and how through his work the energies of one environment modulate another, revealing the interconnectedness of seemingly disparate places. It also features a text by curator and researcher Alejandro Alonso Díaz, who describes in a poetic and personal way the different sounds of the Bay of Santander — the clinking of masts, the crying of seagulls, the roaring of a ship or the silence of seaweed — while emphasising the capacity of sound to implicate us with each other, and with everything around us. The publication concludes with an interview with Nuno that articulates the relationship between his works and those in Fundación Botín Collection as a sympathetic resonance. It is rounded off with some notes by Nuno on the improvisation programme of artists in the Portuguese scene, understanding free improvisation, in Nuno's words, as "the realisation that freedom takes place, not as an ideal or a political horizon, but as a torrent of expression of the inner spirit."

We would like to thank the authors of this publication for their enlightening and approachable texts, as well as the team at Mousse Publishing, Ilaria Bombelli and Matteo Gualandris, for their careful design and attention throughout the collaboration with Nuno. Our heartfelt thanks to the artists whose works are included in the exhibition, for once again allowing themselves to be entangled with our programme: Javier Arce, Katinka Bock, June Crespo, Tacita Dean, Eva Fàbregas, Asier Mendizabal, Damián Ortega and Jorge Satorre. Finally, our most sincere thanks to Nuno da Luz, for his sensitivity, generosity and commitment, and for having been a wonderful collaborator to the entire Centro Botín team.

EL SONIDO COMO CLIMA
EN TORNO A LAS *ECHO*-LOGÍAS DE NUNO DA LUZ

Gascia Ouzounian

*El viento es una negociación entre gases que se ven obligados
a atravesar el tiempo y el espacio mediante combinaciones de
variables de frío y calor, flotando sobre la tierra y el mar, cambios de presión en direccionalidad y potencia. Este es el carácter
físico del viento, su vida material. El viento se contornea por los
objetos que halla a su paso: montañas y colinas, acantilados y
masas forestales, edificios y seres vivos. También ejerce volunta-
riamente su fuerza sobre estas cosas, tallándolas, agrietándo-
las y presionándolas, esto es, dejando... huellas. Sabemos que el
viento está ahí por lo que hace. Es un alivio del calor, una
fuerza contra la que luchar, un medio disuasorio de la lluvia,
o una ráfaga bienvenida que nos aparta el humo de los ojos.
Pero el viento no tiene un único poder; tiene múltiples poderes,
como múltiple es el mundo que habita; los vientos absorben
y forman contextos y condiciones.*
—Cymene Howe y Dominic Boyer, «Aeolian Politics»[1]

VIENTO QUE CONGREGA

¿Cómo cambiaría nuestra percepción del viento si nos lo ima-
gináramos no solo como algo que simplemente pasa —como
aire en movimiento, causado por las diferencias de presión del
aire—, sino como una fuerza que congrega, recogiendo partículas y materia, acumulando energías, y, con el tiempo, trans-
portando historias, fragmentos y vestigios del pasado?

Si el viento es un cronista del tiempo, que incorpora múltiples marcas temporales y cataloga acontecimientos pasados
en su composición química y material, ¿cómo disipa, dispersa
e imprime entonces estas historias a través de sus interacciones con el mundo? ¿De qué manera el viento modifica el entorno y a la vez este se ve reflejado en él?

El sonido, como el viento, se concibe a menudo como algo
efímero: transitorio, fugaz, como una ola viajera que se desvanece y pierde rápidamente su potencia. Sin embargo, a lo largo
de la última década, y a través de una vasta obra que incluye
performances, instalaciones, eventos y textos, Nuno da Luz ha
articulado un replanteamiento radical del sonido a través de
su filosofía de la *echo*-logía: una concepción del sonido que lo

reimagina no tanto como una ola fugaz, sino más bien como
un viento que congrega o incluso como una niebla que se espesa.

En la *echo*-logía de da Luz, el sonido es a la vez sustancia y fuerza. El sonido se materializa a través de sus interacciones con el mundo, y transforma simultáneamente lo que lo
rodea a través de sus reflejos, residuos y ecos. En una *echo*-logía,
el sonido no se desvanece y ya está. Permanece, registrando,
en palabras de da Luz, «eventos pasados, acontecimientos que
perduran mientras sus huellas acústicas, de manera sucesiva,
se reflejan, reverberan, se difractan, refractan y resuenan sobre
superficies y cuerpos a lo largo del tiempo».[2]

Si consideramos el sonido no como algo que pasa, sino
como una potencia que permanece, dejando su huella en objetos y superficies a través de la reverberación y el reflejo, ¿cuál
es entonces la dinámica de este sonido que se espesa, de este
viento que congrega? ¿De qué modo opera una *echo*-logía (una
ecología formada principalmente por ecos) en el mundo?[3]
¿Cómo lo perciben quienes se encuentran con él? Si el sonido
es una especie de viento, ¿puede registrarse como impacto
y fuerza, en lugar de ser simplemente oído? ¿Puede respirarse,
como el aire?

El concepto de *echo*-logía ofrece nuevos puntos de vista
sobre el sonido, no solo como fenómeno físico sino también
como medio artístico. ¿Qué significaría concebir el sonido como
una especie de tiempo meteorológico? ¿Acercarse al sonido
no como algo *parecido* al clima, sino como el propio clima? En
la *echo*-logía de da Luz, el sonido es un medio de vientos y
aires; de presiones y temperaturas; de pautas y movimientos;
de atmósferas y condiciones atmosféricas. En este marco, el
sonido no es solo interpretable a través del prisma de la acústica, sino también a través de la *meteorología* (el estudio
del tiempo).[4]

Entender el sonido como tiempo hace replantear el sonido
—y, por extensión, la música y el arte sonoro— no como forma
de arte intencional, sino como fenómeno medioambiental,
atmosférico y emergente.

La música, como el tiempo, emerge y se disipa, en vez de
simplemente componerse y ejecutarse.

El sonido, como el clima, no es tanto un objeto sino algo
que envuelve y condiciona la experiencia —no un acontecimiento discreto, sino un proceso de acumulación y disipación—.
En palabras de da Luz, «la *echo*-logía sería entonces otra
manera de denominar… las músicas ambientales que no solo
se oyen sino *que oímos en ellas*».[5]

Del mismo modo que el clima no tiene autor, sino que
es el *resultado* de múltiples fuerzas que interactúan, en este
marco, la música y el sonido pueden entenderse como *surgidos*

de condiciones atmosféricas diversas y cambiantes. Por lo tanto, escuchar se convierte no en una manera de registrar sonidos, sino en una especie de *pronóstico*: anticipar, percibir y sintonizar con las pautas y los cambios. Escuchar ecos, residuos y reverberaciones (escuchar *echo*-logías) se convierte además en una manera de *evidenciar*; una forma de comprender lo que sucede y lo que ha sucedido.

TRANSDUCCIONES: ENERGÍAS Y ECHO-LOGÍAS

La obra de da Luz pertenece a una categoría especial de arte ambiental que no solo se dedica a procesos ambientales, como el cambio climático, sino que también produce y transforma entornos. Su práctica se centra en las dimensiones *energéticas* de los ambientes, en aquellos aspectos de un entorno que pueden ser percibidos como movimientos, fuerzas y energías. Ejemplos de ello son las ondas sísmicas, las mareas, las turbulencias oceánicas y los patrones de viento. Estos fenómenos tienen unas intensidades, ritmos, duraciones, ciclos y patrones que da Luz a veces traduce en un terreno energético y sensorial, como el sonido y la luz.

Un tema central en su práctica artística es la *transducción*: la transformación de una forma de energía en otra. Por poner un ejemplo: da Luz convierte la energía sísmica (vibraciones mecánicas) en sonido (vibraciones acústicas). Para ello, dibuja sobre datos ambientales recopilados mediante sensores (como, por ejemplo, instrumentos sísmicos que miden los movimientos de la tierra) y convierte estos datos en otra forma de energía, como intensidad de luz.

Entre las obras de da Luz que utilizan la transducción se encuentra *Ella Megalast Burls Forever*, 2013/2015, en la que unos transductores (conversores de energía) ocultos tras la pared de una galería reproducen las ondas sísmicas generadas durante la erupción del volcán Eyjafjallajökull en 2010, una erupción tan potente que provocó el cierre de la mayor parte del espacio aéreo europeo durante semanas. Por poner otro ejemplo, en *Mareograph (Lisbon Port)*, 2019, da Luz utiliza datos de mareas para modular la intensidad de la luz, en los que las alturas de las mareas corresponden a niveles de luminosidad. En *Wave Turbulence on a Thin Plate—Nazaré Coastal Buoy* y *Ocean Buoy*, 2019, datos anuales sobre la turbulencia de las olas oceánicas hacen vibrar dos gongs de viento chinos.

Estas obras hacen que fenómenos normalmente imperceptibles sean perceptibles (tocables, audibles, visibles) o sentibles de nuevas maneras. ¿Qué significa percibir una erupción volcánica como una arquitectura resonante? ¿O experimentar los movimientos de las mareas como cambios en la intensidad de la luz?

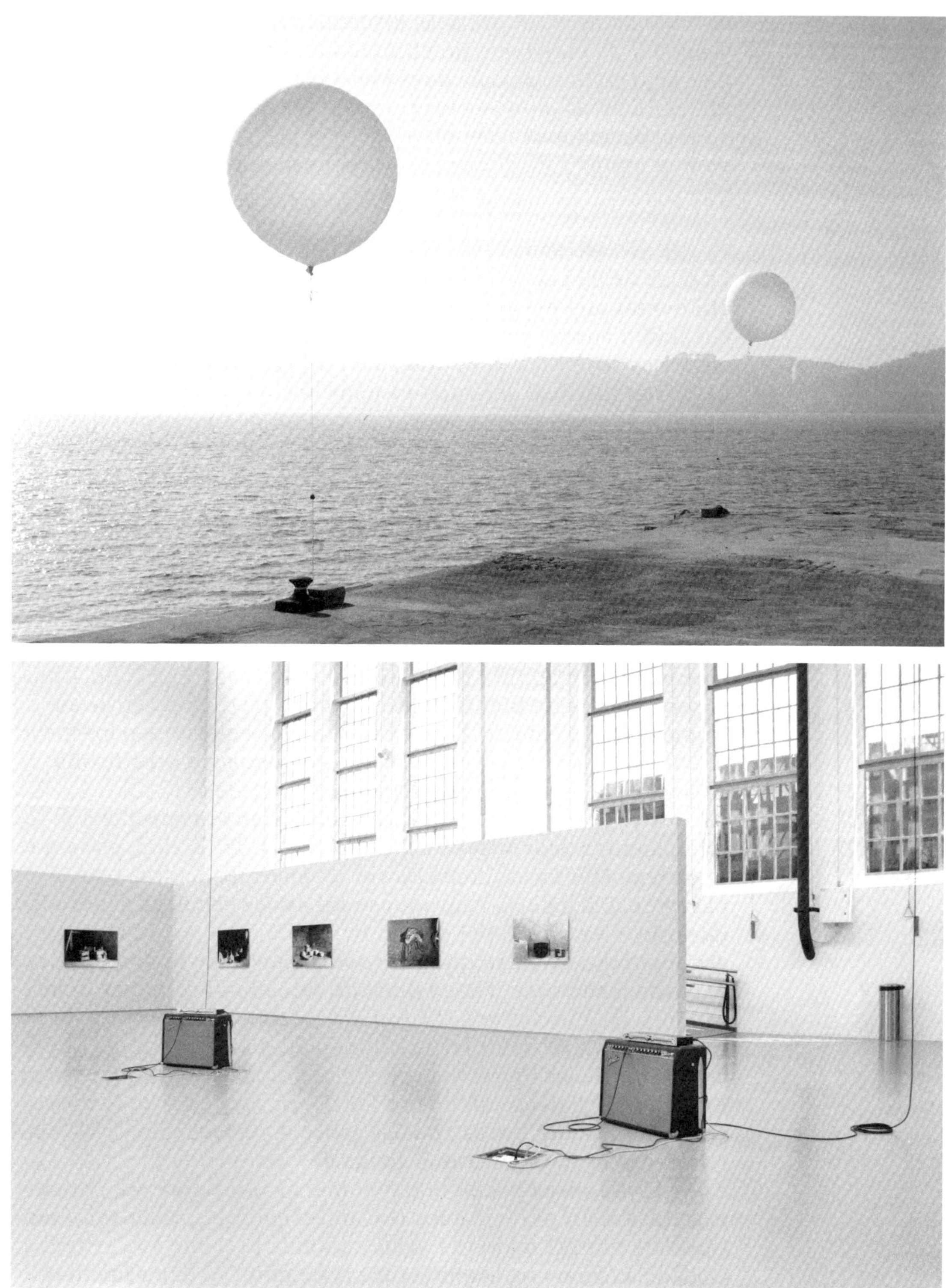

Nuno da Luz, *C'mon (Modulation with Two Microphones and Two Amplifiers)*, 2011, Museu da Eletricidade, Lisboa. Colección / Collection Fundação EDP. Foto / Photo:: Nuno da Luz

Tales conversiones y traslaciones de energía no solo transforman nuestra comprensión y valoración de estos fenómenos naturales, sino que además extienden su potencia energética, reimaginándolos como eventos en curso en lugar de simplemente acontecimientos pasados. Por ejemplo, una erupción volcánica —que normalmente se considera un suceso momentáneo y finito— se revela como algo resonante, y sus energías siguen reverberando a través del tiempo y del espacio. Esta extensión de energías forma parte de la filosofía de la *echo*-logía de da Luz, que plantea que las energías, incluidos los sonidos, no solo se disipan, sino que de algún modo permanecen, evolucionando, resonando e incluso resurgiendo en nuevos contextos a lo largo del tiempo.

ATMÓSFERAS MODULADORAS

En parte de la obra de da Luz, las energías de un entorno modulan otro, revelando la interconexión de lugares aparentemente distintos o distantes.

En *C'mon (Modulation with Two Microphones and Two Amplifiers)* (2011), por ejemplo, da Luz ató dos globos meteorológicos equipados con micrófonos inalámbricos a un embarcadero del río Tajo en Lisboa. Estos globos flotantes llenos de helio registraban tanto datos atmosféricos (temperatura, humedad, patrones de viento) como sonidos ambientales, transmitiéndolos en directo a un museo cercano, donde se proyectaban a través de dos amplificadores de guitarra.

En el museo, estos sonidos transmitidos no eran simplemente una manera de «traer adentro el exterior» o de derribar los límites entre el espacio exterior y el interior, sino que eran sonidos *erosionados*, es decir, *moldeados* por las condiciones meteorológicas. Modulaban el ambiente dentro del museo, un ambiente que era a la vez un reflejo del tiempo y que, en cierto sentido, estaba compuesto por la propia atmósfera.

Más recientemente, con *Daykeeper (Enwinded)* y *Daykeeper (Overtones)*, 2021, —obras reunidas en la exposición *Heart of Sky Centro do Vento*, 2021—, da Luz amplió la idea de utilizar el entorno exterior de un edificio para modular su ambiente interior. Aquí, los sonidos ambientales del exterior de un edificio se transmitieron directamente a las paredes del edificio mediante transductores. Estos transductores (que convertían señales eléctricas en vibraciones mecánicas), acoplados directamente a las paredes de la galería, transformaron el edificio en un *resonador de su propio entorno*. En otras palabras, la galería se hizo vibrar físicamente con los sonidos del exterior. Este proceso convirtió el edificio en un cuerpo que amplifica, filtra y refleja los sonidos externos a medida que se propagan por su estructura. Complementando estos sonidos

ambientales había los sonidos de un arpa eólica eléctrica que
se activaba con los vientos del exterior, transmitidos a través
de unas finas placas de cobre colgantes, de nuevo mediante
transductores.

Una grabación de *Heart of Sky Centro do Vento* revela
la turbulenta interacción de las energías meteorológicas mani-
festada como arquitectura.

Al escuchar este edificio convertido en tiempo meteorológico, oí tonos sostenidos de baja frecuencia que recordaban
a zumbidos eléctricos cuyas notas parecían cambiar orgáni-
camente, subir y bajar, hincharse y disolverse, multiplicarse y
dispersarse como impulsados por repentinas ráfagas o esta-
llidos de energía. A estos zumbidos se superponían los sonidos
de vientos que chocaban con la materia —objetos, cuerpos,
superficies— y su presencia se hacía audible a través del impacto y la resistencia. Estos sonidos «venteados»[6] parecían
claramente no humanos, formados no por los gestos intencio-
nados de un intérprete o compositor, sino por las energías
y fuerzas brutas que actúan en y sobre el mundo.

Como sonido, el viento surgía de distintas formas: ráfagas fugaces de ruido blanco; el estrépito percutivo de objetos
golpeados o alcanzados por el aire; tonos bajos profundos y
estruendosos; tonos eléctricos que parecían respirar, o tal vez
ser respirados; tonos de viento repentinos, ásperos y ruidosos
juntados de forma abrupta, surgiendo de la nada pero adqui-
riendo una presencia vigorosa y aparentemente descomunal.

Con *Heart of Centro do Vento*, da Luz transforma la arquitectura en un sistema de mediación para el viento, una fuerza
energética en flujo continuo. Esto es *arquitectura reconfigurada
como energética*; arquitectura que se ha convertido en un
campo de energías que se cruzan, se superponen y se entrelazan. Un edificio ya no es una estructura estática y sólida,
sino un lugar de encuentros energéticos, una red dinámica
y caótica de fuerzas, presiones y flujos.

ARQUITECTURAS ENERGÉTICAS

En el Centro Botín de Santander, como parte de *Enredos II*,
da Luz amplía su exploración del sonido como medio para
revelar la arquitectura como una entidad dinámica, resonante,
abierta y conectada; es decir, su exploración de la *arquitectura energética*.

Con *Bay of Santander Sonic Disposal Service* (servicio de eliminación sónica de la bahía de Santander), transduce los datos
ambientales del entorno inmediato del edificio a través de
sus paredes. Estos datos incluyen la actividad de las olas, las
corrientes y las mareas de la cercana bahía de Santander;

la temperatura y los niveles de humedad, y los sonidos submarinos captados por micrófonos sumergidos. Al mismo tiempo, amplifica las propias vibraciones del edificio, extendiendo e intensificando sus energías intrínsecas o *internas* normalmente imperceptibles.

En una conversación con da Luz, el artista habló de su interés por comprometerse no solo con las «circunstancias ecológicas» del Centro Botín, sino también con su historia social, cultural y económica: su pasado industrial y su presente transformado.[7] Describió el entorno del Centro como «bastante cargado, muy animado», un lugar conformado por «vidas diferentes, ritmos diferentes» que pretendía hacer audibles y presentes en el propio edificio.

«Quiero traer al espacio muchas vibraciones diferentes que se producen en el exterior, ya sea en el aire o bajo el agua, filtrándolas o haciéndolas resonar a través de las paredes del edificio, con transductores ocultos y no tan ocultos», explicó. Lo concibió como un proceso por el que el edificio «empieza a parecerse a lo que ocurre en el exterior, pero a diferentes escalas».[8]

Para da Luz, esta obra encarna un enfoque particular del lugar; «no solo cómo vivir con él, sino cómo traducir sus vibraciones en algo que es sobre todo sonoro, pero no únicamente. Más bien, el sonido ayuda a hacer que otras cosas vibren con él».[9] Conecta esta idea a la *resonancia por simpatía*, el fenómeno por el que un objeto inerte —como una cuerda, un puente o un edificio— vibra en respuesta a una fuente vibratoria cercana que tenga una frecuencia armónica similar o coincidente. La resonancia por simpatía, un tipo de co-resonancia, se da sin contacto alguno entre los dos objetos, y lo que ocurre es que emerge a través de la transmisión de energía —como las ondas sonoras que viajan a través del aire— entre ellos.

Bay of Santander Sonic Disposal Service está basada en el interés de da Luz por el ruido ambiental: «lo que ocurre en un lugar y un momento concretos, y cómo se funde con todo lo que ha ocurrido antes y después».[10] También influye el hecho de que el Centro Botín esté construido sobre una bahía. «El edificio se levanta sobre pilares, liberando espacio debajo para la circulación de las personas y el viento», explica. «Vibra por eso».[1]

El terreno que rodea el Centro Botín, apunta da Luz, está continuamente moldeado por las fuerzas del entorno: corrientes de aire cambiantes y masas de aire que se mueven entre el mar y la tierra —fluctuaciones moldeadas por la temperatura, la luz del sol, el calor, y otras condiciones atmosféricas que cambian a lo largo del día—. «Como el edificio se levanta junto a esta enorme masa de agua, tenía que soportar cambios

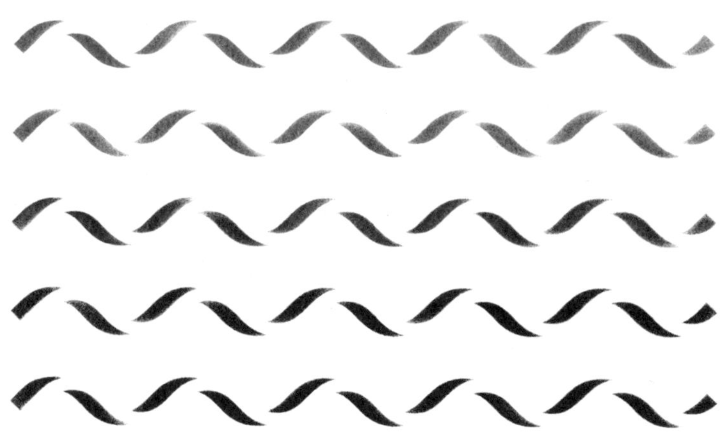

Nuno da Luz, *Bay of Santander Sonic Disposal Service* (servicio de eliminación sónica de la bahía de Santander), 2025: detalle de temperatura del agua entre 2020 y 2022 en la costa de Santander. Producida por la Fundación Botín / detail of the temperature of water between 2020 and 2022 on the coast of Santander. Produced by Fundación Botín

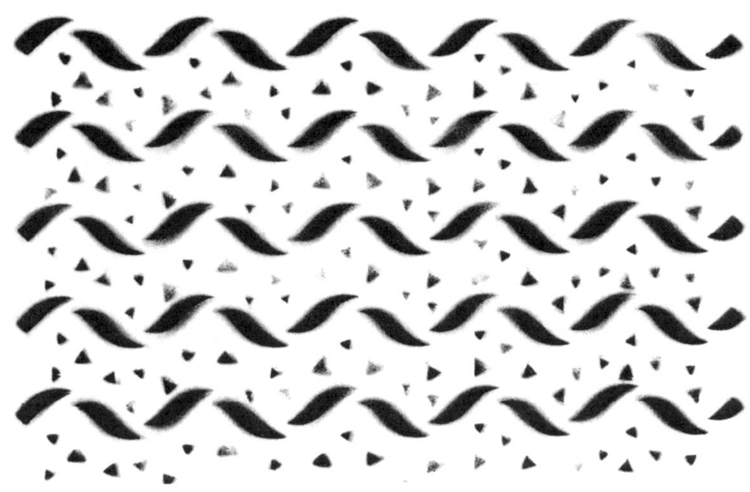

Nuno da Luz, *Bay of Santander Sonic Disposal Service* (servicio de eliminación sónica de la bahía de Santander), 2025: detalle del índice de salinidad entre 2020 y 2022 en la costa de Santander. Producida por la Fundación Botín / detail of the salinity index of water between 2020 and 2022 on the coast of Santander. Produced by Fundación Botín

meteorológicos totalmente impredecibles. Su estructura de acero y sus pasarelas acristaladas potencian estas propiedades: las vibraciones que pueden atribuirse con precisión a un viandante en una u otra pasarela resuenan a través de las vigas de acero. Yo solo amplifico aún más unas vibraciones que ya están ahí».[12]

AIRES Y ATMÓSFERAS

Para *Enredos II*, da Luz propone una segunda obra, *Collected Airs* (Aires recogidos), que amplía su concepto de *echo*-logía, esta vez a través de la reverberación, la permanencia o persistencia del sonido después de haberse producido.

En esta obra, da Luz ha creado un conjunto de cinco unidades de reverberación (dispositivos que controlan la reverberación). Las unidades de reverberación mecánica suelen adoptar una de estas dos formas: *reverberación de muelles*, donde unos muelles metálicos generan la reverberación, y *reverberación de placas*, donde esta la produce una placa metálica suspendida. Las unidades de *Collected Airs* pertenecen a esta última categoría. Cada una de las cinco unidades de reverberación consiste en una gran placa de acero suspendida, equipada con un transductor que convierte las señales de audio en vibración física. «Cuando vibran», explica da Luz, las placas «inundan cualquier sonido que reciben en una reverberación de segundos».[13]

Aunque tradicionalmente se ha utilizado en el estudio para añadir profundidad espacial a las grabaciones musicales, da Luz reimagina la unidad de reverberación como un instrumento, una presencia escultórica que interactúa con su entorno y funciona como una especie de cronómetro. Para la exposición, invita a cinco músicos que improvisan y tocan con una placa. La actuación de cada músico se graba y se reproduce a través de la placa que se le ha asignado a lo largo de la exposición. Sin embargo, las placas no solo transmiten estas actuaciones, sino que también resuenan con una transmisión en directo de sonidos ambientales procedentes del exterior del Centro Botín. De este modo, cada placa sirve no solo como registro musical, sino también como «marca de tiempo», preservando las huellas de un momento concreto: su tiempo cambiante y los acontecimientos impredecibles que lo componen.[14]

Con *Collected Airs*, da Luz subraya que la vibración es algo más que la física del sonido o su «naturaleza mecánica»,[15] y lo que hace es explorar cómo el sonido se imprime a sí mismo en el mundo. Haciendo referencia al relato de J. G. Ballard «The Sound-Sweep» («El barrendero de sonidos»), se basa en la idea del residuo sónico para reimaginar el sonido como algo que perdura. «Este texto habla de la idea de intentar activar cosas que siguen sonando en nuestro entorno compartido, aunque ya no podamos oírlas», afirma. «No a través de nuestros oídos, porque no está [físicamente] ahí. El residuo sónico del relato de Ballard permanece. Nos hace algo a nosotros. Sigue funcionando a través de nosotros».

El concepto de *echo*-logía de da Luz llama la atención no solo sobre *lo que* es el sonido —su naturaleza o esencia—, sino sobre lo que *hace*: cómo actúa sobre el mundo, modelando ambientes y afectando tanto a seres humanos como no humanos. Del mismo modo que «sabemos que el viento está ahí por lo que hace», como se plantea en el párrafo inicial de este capítulo, el sonido en una *echo*-logía también «nos hace algo, funciona a través de nosotros».

De manera similar, así como «los vientos absorben y a la vez forman contextos y condiciones», los sonidos también son moldeados por su entorno, que al mismo tiempo los vuelve a moldear a ellos. En *Collected Airs*, el sonido rehace continuamente su entorno mediante la interacción de ecos, reverberaciones y reflejos. Un entorno, en lugar de ser un conjunto estático de objetos —como a menudo se imagina el lugar—, se revela en cambio como un lugar de flujo perpetuo, refractado, difractado y transformado continuamente por el despliegue y la reverberación del sonido.

CONSTELACIONES

La obra de da Luz hunde sus raíces en múltiples tradiciones artísticas, como el arte medioambiental, el arte sonoro, la composición de paisajes sonoros, la improvisación libre, y la música experimental y electrónica. Sin embargo, se resiste a una categorización fácil, apartándose de estas tradiciones de maneras significativas y comprometiéndose críticamente con ciertas tradiciones y sus suposiciones subyacentes.

Por ejemplo, mientras da Luz señala las conexiones entre su obra y el World Soundscape Project —un influyente grupo de investigación fundado por el compositor canadiense, ya fallecido, R. Murray Schafer (1933–2021), que popularizó el término *paisaje sonoro* para describir el entorno sonoro—, su planteamiento parte de una composición de paisaje sonoro convencional. Da Luz no crea típicamente composiciones derivadas de grabaciones de campo (grabaciones ambientales), ni busca documentar o capturar paisajes sonoros «remotos», «exóticos» o en peligro de extinción, al considerar que tales empresas tienen una motivación neocolonial y explotadora.

En *Notes on Poetry as an Echological Survival*, da Luz plantea que los métodos adoptados por los primeros compositores de paisajes sonoros «reflejaban [los] de los primeros naturalistas... que exploraban partes del mundo "remotas" y "exóticas", [representándolas] como salvajes y vaciadas de relaciones interespecíficas entre humanos no occidentales, no humanos y los propios lugares».[16]

En otro lugar, señala que hay «algo perverso en que personas de origen occidental, en su mayoría blancas, viajen a lugares lejanos o inhóspitos para grabar supuestos entornos prístinos cuando estos territorios están gravemente amenazados y sometidos a un rápido proceso de desaparición».[17]

En lugar de limitarse a *documentar* o *componer* paisajes sonoros, da Luz amplía los límites de la concepción y la percepción del paisaje sonoro. Utiliza sonidos ambientales para *modular* o revelar ambientes y energías. Convierte fenómenos ambientales (como las olas del mar o las erupciones volcánicas) *en* sonido, pero no se limita a *sonificar* o a hacer audibles datos ambientales. Lo que hace es poner en marcha redes dinámicas de flujos energéticos, revelando las interconexiones entre entornos a través de sus energías sónicas. Las obras de da Luz son emergentes y activas: actúan en entornos y espacios y los afectan, en lugar de limitarse a documentarlos o reflejarlos.

La práctica de da Luz tiene su origen no solo en las tradiciones del arte sonoro, sino también en el arte minimalista y conceptual de los años sesenta y posteriores. Su enfoque se basa en gran medida en el proceso y el concepto, y a menudo utiliza un mínimo de medios para activar e implicar amplios fenómenos. En este sentido, se alinea con la obra de artistas y compositores que utilizaban escasos estímulos acústicos para producir experiencias vívidas, profundas e incluso trascendentales.

En su sintonía con el sonido y el lugar, la obra de da Luz comparte afinidades con Maryanne Amacher (1938–2009), compositora estadounidense pionera en instalaciones sonoras de escala arquitectónica y transmisiones de sonido ambiental en directo. A partir de finales de los años sesenta, Amacher transmitió sonidos a través de materiales de la construcción y elementos estructurales como paredes y suelos, proyectando sonidos no solo a través de altavoces sino a través del propio tejido de un edificio. Sus obras transformaban edificios enteros en «casas sonoras»: conjuntos de habitaciones conectadas a través del sonido.

La serie *CITY-LINKS*, 1967–1981, de Amacher, un importante precedente histórico, implicaba transmisiones sonoras en directo que conectaban espacios distantes. Por ejemplo, una vez Amacher colocó micrófonos en el puerto de Boston, que transmitieron sonidos en directo desde el puerto hasta su estudio durante más de un año, fusionando distintos ambientes a través de sus paisajes sonoros. Acerca de la serie *CITY-LINKS*, escribió que «los sonidos de uno o varios entornos

remotos (en una ciudad o en varias ciudades) se transmiten "
en directo" al espacio expositivo, como un entorno sonoro
continuo».[18] Y siguió:

> Produzco las instalaciones utilizando... micrófonos que
> coloco en los entornos seleccionados, espacializando
> estas obras con muchos entornos sonoros distintos: puer-
> tos, acerías, torres de piedra, molinos harineros, fábri-
> cas, silos, aeropuertos, ríos, campos abiertos, empresas
> de servicios públicos, y con músicos *in situ*. La aventura
> consiste en recibir espacios sonoros en directo de más
> de un lugar al mismo tiempo: la torre, el océano, el molino
> abandonado. Los entornos sonoros remotos entran
> en nuestros espacios locales y pasan a formar parte de
> nuestras habitaciones.[19]

Amacher ha descrito el proceso subyacente a *CITY-LINKS* como
telepresencia sónica. Es importante revisitar esta idea en relación con la obra de da Luz, puesto que plantea que los entornos
sonoros pueden distribuirse por múltiples espacios remotos,
modulándolos. Si bien la radio, el teléfono y otras tecnologías
de telecomunicaciones habían permitido durante mucho
tiempo que el sonido se *oyera* en espacios distantes, un aspecto
distintivo clave del concepto de Amacher de telepresencia
sónica, desarrollado de manera novedosa en la práctica artística de da Luz, es la idea de que un *entorno* puede distribuirse,
transmitirse y transponerse, a través de la transmisión
del sonido.

Otra referencia histórica importante es el compositor
norteamericano Alvin Lucier (1931–2021), cuyas obras exploran
la física del sonido y la psicología de la escucha. En algunas
de sus obras, Lucier hizo perceptibles energías imperceptibles.
En *Music for Solo Performer*, 1965, por ejemplo, utiliza sus propias señales de ondas cerebrales en directo (voltajes eléctricos
oscilantes en el cerebro) para activar un grupo de pequeños
instrumentos de percusión, convirtiendo así la actividad eléctrica del cuerpo en música. Emprender estas conversiones
de energía y, más fundamentalmente, dedicarse a los *fenómenos
ondulatorios* (los comportamientos y las propiedades de las
ondas) vincula la práctica de da Luz con la de Lucier.

En la práctica de da Luz, a diferencia de la de muchos
artistas sonoros o compositores, el enfoque en las ondas va
más allá de lo puramente sonoro (ondas acústicas) para abar-
car una amplia gama de otros fenómenos: mareas, corrientes y señales, ya sean las señales eléctricas transducidas mediante la conversión de energía o las mareas de un río, un mar
o un océano. Estas ondas no solo están vinculadas por sus

comportamientos, sino también por la forma en que revelan la interconexión de todos los fenómenos: cómo una sola onda puede desencadenar una cascada de «efectos interrelacionados».[20]

La obra de da Luz también está enraizada en tradiciones artísticas y filosóficas que hacen hincapié en la *relacionalidad*, es decir, la idea de que «la clave para construir mundos habitables reside en cultivar formas de conocer y actuar basadas en una profunda conciencia de la interdependencia fundamental de todo lo que existe».[21] Las filosofías relacionales van más allá de las conexiones sociales humanas para poner de relieve las interdependencias entre los mundos humano, no humano y fuera de lo humano.

Y, lo que es más importante, el arte de da Luz pone un énfasis poco común en la escucha como algo relacional. Para él, escuchar no es un mero acto de percepción, sino una forma de revelar lo que entrelaza los mundos humano y no humano. Plantea que a través de la escucha, no nos limitamos a registrar el sonido, sino que nos *acercamos* al mundo que nos rodea, «no solo afectados» sino «plenamente involucrados e implicados, arrastrados por las corrientes que nos atraviesan y nos envuelven».[22] Escuchar, escribe, es una inmersión en «ondas de vibración incontrolables, impredecibles e inestables, patrones turbulentos que nos moldean tanto como ellas están moldeadas por nuestra presencia, un punto más de perturbación entre muchos otros flujos laminares».[23]

1 Cymene Howe y Dominic Boyer, «Aeolian Politics», *Distinktion: Scandinavian Journal of Social Theory* 16, n.º 1 (2015): 31.

2 Nuno da Luz, «Notes on Poetry as an Echological Survival; Or on the Possible 'Value' of Artworks, for the Future», en *Poetry as an Echological Survival*, ed. Nuno da Luz y Nuno Crespo (UCEditora, Sistema Solar/Documenta, 2022), 128.

3 Da Luz, «Notes on Poetry as an Echological Survival», 128.

4 Margarida Mendes, «Ecophilosophy as Practice», en *Poetry as an Echological Survival*, ed. Nuno da Luz y Nuno Crespo (UCEditora, Sistema Solar/Documenta, 2022), 50–70. Ver también Da Luz, «Notes», 133.

5 Da Luz, «Notes», 132, el destacado es mío.

6 Da Luz, «Notes», 133.

7 Nuno da Luz y Gascia Ouzounian, conversación no publicada, Zoom, 18 de diciembre de 2024.

8 Ibid.

9 Ibid.

10 Ibid.

11 Ibid.

12 Ibid.

13 Nuno da Luz, sinopsis no publicada, 2024.

14 Ibid.

15 Da Luz y Ouzounian, conversación no publicada.

16 Da Luz, «Notes», 130.

17 Nuno Crespo y Nuno da Luz, «Conversation», en *Poetry as an Echological Survival*, ed. Nuno da Luz y Nuno Crespo (UCEditora, Sistema Solar/Documenta, 2022), 152.

18 «Maryanne Amacher: City-Links», *Ludlow 38 Archive*, consultado el 11 de febrero de 2025, https://ludlow38-archive.org/exhibitions/maryanne-amacher-city-links/.

19 Ibid.

20 Da Luz, «Notes», 128.

21 Arturo Escobar, Michal Osterweil, y Kriti Sharma, *Relationality: An Emergent Politics of Life Beyond the Human* (Bloomsbury, 2024).

22 Da Luz, «Notes», 132.

23 Ibid., 132.

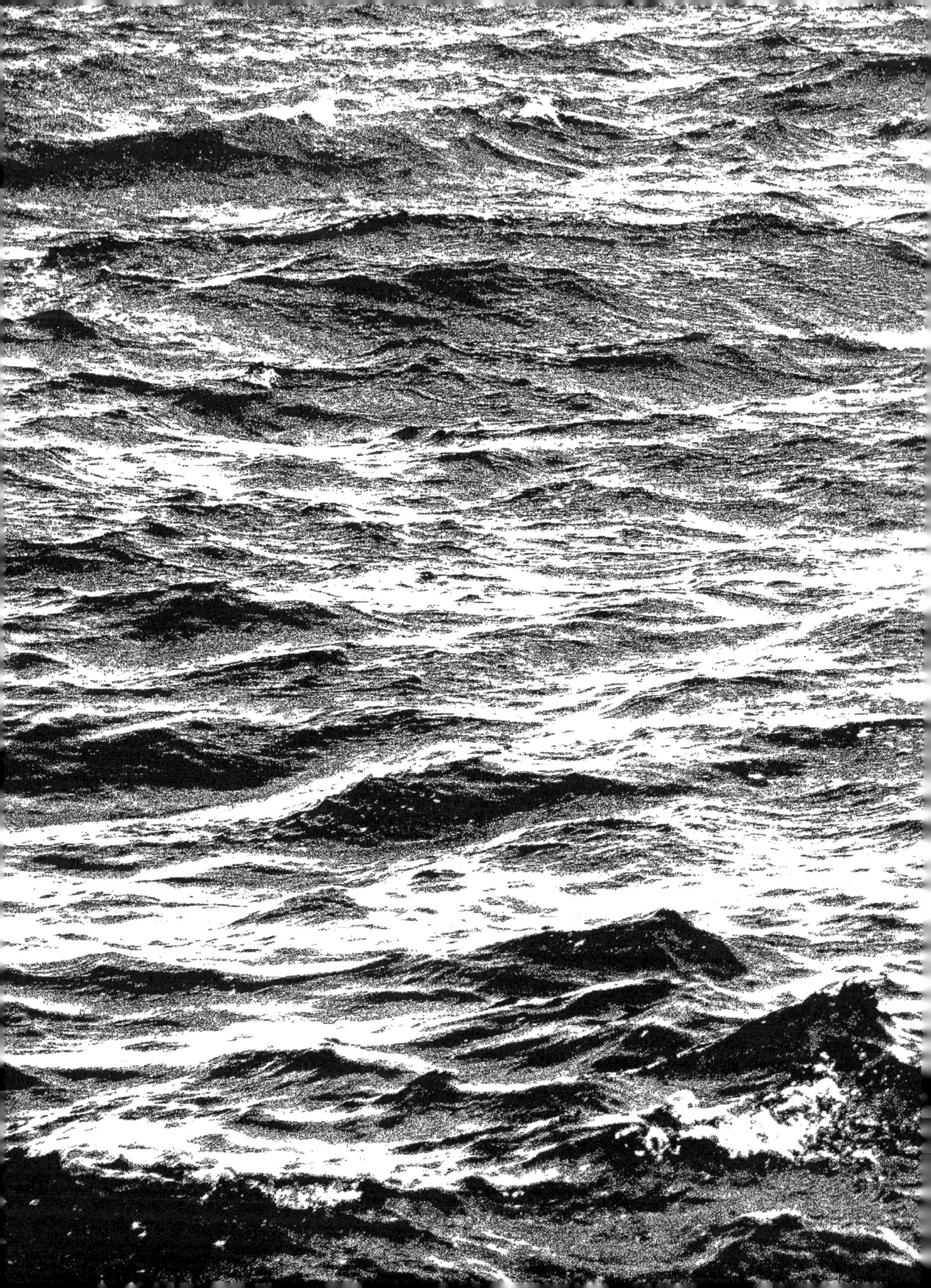

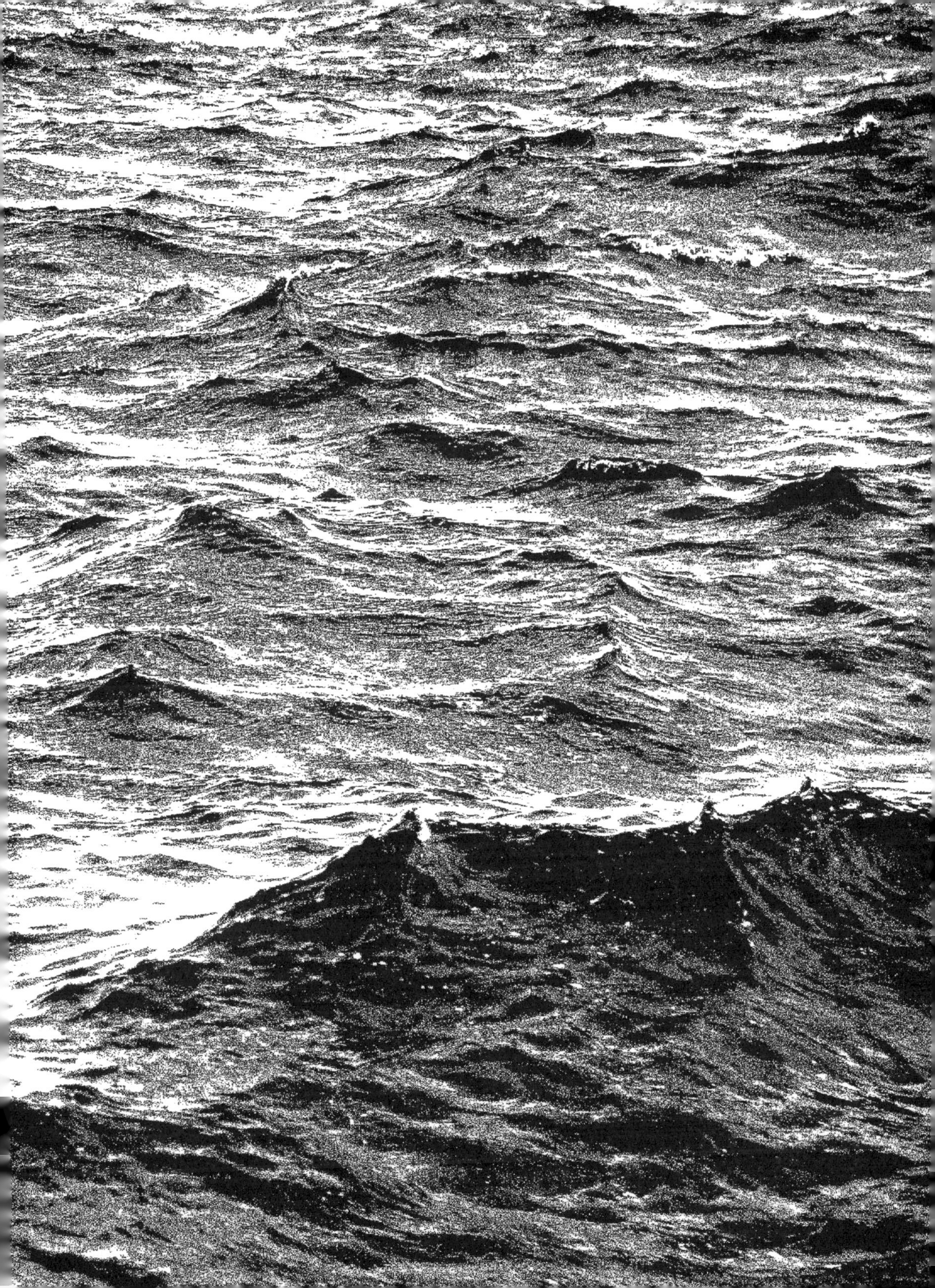

SOUND AS WEATHER
ON NUNO DA LUZ'S *ECHOLOGIES*
Gascia Ouzounian

The wind is a negotiation between gases that are compelled across space and time by combinations of heat and cold differentials, floating over land and sea, pressured shifts in directionality and potency. This is the physicality of the wind, its material life. Wind becomes contoured by objects in its path — mountains and hills, cliffs and stands of forest, buildings and creatures. It also willfully exercises its force upon these things, carving, cracking, and pressuring — leaving... imprints. We know the wind is there because of what it does. It is a relief from the heat, a force to struggle against, a chilling medium of rain, or a welcome bluster that blows smoke from our eyes. But the power of the wind is not singular. It is as multiple as the world it inhabits; winds both absorb and form contexts and conditions.
—Cymene Howe and Dominic Boyer, "Aeolian Politics"[1]

GATHERING WIND

How would our understanding of the wind change if we imagined it not as something that merely passes — as *moving air*, caused by differences in air pressure — but as a force that gathers, collecting particles and matter, accumulating energies, and, over time, carrying histories — fragments and traces of the past.

If wind is a chronicler of time, embedding multiple time-stamps and cataloguing past events in its chemical and material composition, then how does it dissipate, disperse, and imprint these histories through its interactions with the world? How is an environment both reshaped by wind and reflected in it.

Sound, like wind, is often thought of as ephemeral: transient, fleeting — a traveling wave that fades, quickly losing its energetic force. Yet, for the past decade, and through a vast body of work that spans performances, installations, events, and texts, Nuno da Luz has articulated a radical rethinking of sound through his philosophy of *echology*: an understanding of sound that reimagines it less as a fleeting wave, and more as a gathering wind, or even a thickening fog.

In da Luz's *echology*, sound is both substance and force. Sound materializes through its interactions with the world, and simultaneously transforms its surroundings through its reflections, residues, and echoes. In an echology, sound does not simply fade. It lingers, chronicling "past events," da Luz writes, "events which linger on as their acoustic imprints successively reflect, reverberate, diffract, refract, and resonate on surfaces and bodies across time."[2]

If we consider sound not as something that passes, but as a force that lingers — imprinting itself onto objects and surfaces through reverberation and reflection — then what are the dynamics of this thickening sound, this gathering wind? How does an echology — "an ecology made primarily of echoes" — operate in the world?[3] How is it sensed by those who encounter it? If sound is a kind of wind, can it be registered as impact and force, instead of merely heard? Can it be breathed, like air?

The concept of echology opens new perspectives on sound, not only as a physical phenomenon, but also as an artistic medium. What would it mean to think of sound as a kind of weather? To approach sound not as *resembling* climate but as climate itself? In da Luz's echology, sound is a medium of winds and airs; of pressures and temperatures; of patterns and movements; atmospheres and atmospheric conditions. In this framework, sound is not only interpretable through the lens of acoustics, but also through *meteorology* — the study of weather.[4]

An understanding of sound as weather reframes sound — and, by extension, music and sound art — not as intentional art forms, but as environmental, atmospheric, emergent phenomena.

As weather, music emerges and dissipates, instead of simply being composed or performed.

As climate, sound is less an object and more something that envelops and conditions experience — not a discrete event, but a process of accumulation and dissipation. As da Luz writes, "Echology would then be another name for... environmental musics that are not only heard but *what we hear in*."[5]

Just as the weather is not authored but rather *results* from multiple interacting forces, in this framework, music and sound art can be understood as *arising* from various, changing atmospheric conditions. Listening, then, becomes not a way of registering sounds, but a way of *forecasting*: anticipating, sensing, and attuning to patterns and shifts. Listening to echoes, residues, and reverberances — listening to echologies — further becomes a way of *evidencing*; a way of understanding what is happening and what has happened.

Da Luz's work belongs to a special category of environmental art that not only engages with environmental processes, such as climate change, but also produces and transforms environments. His practice focuses on the *energetic* dimensions of environments — those aspects of an environment that can be sensed as movements, forces, and energies. Examples include seismic waves, tides, ocean turbulence, and wind patterns. These phenomena have intensities, rhythms, and durations, cycles, and patterns, which da Luz sometimes translates into another energetic and sensory domain, such as sound or light. Central to his practice is *transduction*: converting one form of energy into another. To give an example, da Luz converts seismic energy (mechanical vibrations) into sound (acoustic vibrations). To do this, he draws on environmental data collected through sensors — such as seismic instruments that measure the earth's movements — and converts this data into another form of energy, such as light intensity.

An example of da Luz's works that use transduction is *Ella Megalast Burls Forever*, 2013/2015, in which transducers (energy converters) hidden behind a gallery wall play back seismic waves produced during the 2010 eruption of the Eyjafjallajökull volcano — an eruption so forceful that it caused most European airspace to shut down for weeks. To give another example, in *Mareograph (Lisbon Port)*, 2019, da Luz uses tidal data to modulate light intensity, with tide heights corresponding to brightness levels. In *Wave Turbulence on a Thin Plate — Nazaré Coastal Buoy* and *Ocean Buoy*, 2019, year-long data on ocean wave turbulence vibrates two Chinese wind gongs.

Such works make normally imperceptible phenomena perceptible — touchable, audible, visible — or else sensible in new ways. What does it mean perceive a volcanic eruption as a resounding architecture? Or to experience tidal movements as changes in light intensity?

Such conversions and translations of energy not only transform our understanding and appreciation of these natural phenomena. They also extend their energetic force, reimagining them as ongoing events rather than as merely past occurrences. For instance, a volcanic eruption — normally considered a momentary and finite event — is revealed as resonant, its energies continuing to reverberate across time and space. This extension of energies forms part of da Luz's philosophy of echology, which posits that energies, including sounds, do not simply dissipate, but instead linger in some form — evolving, echoing, and even re-emerging in new contexts over time.

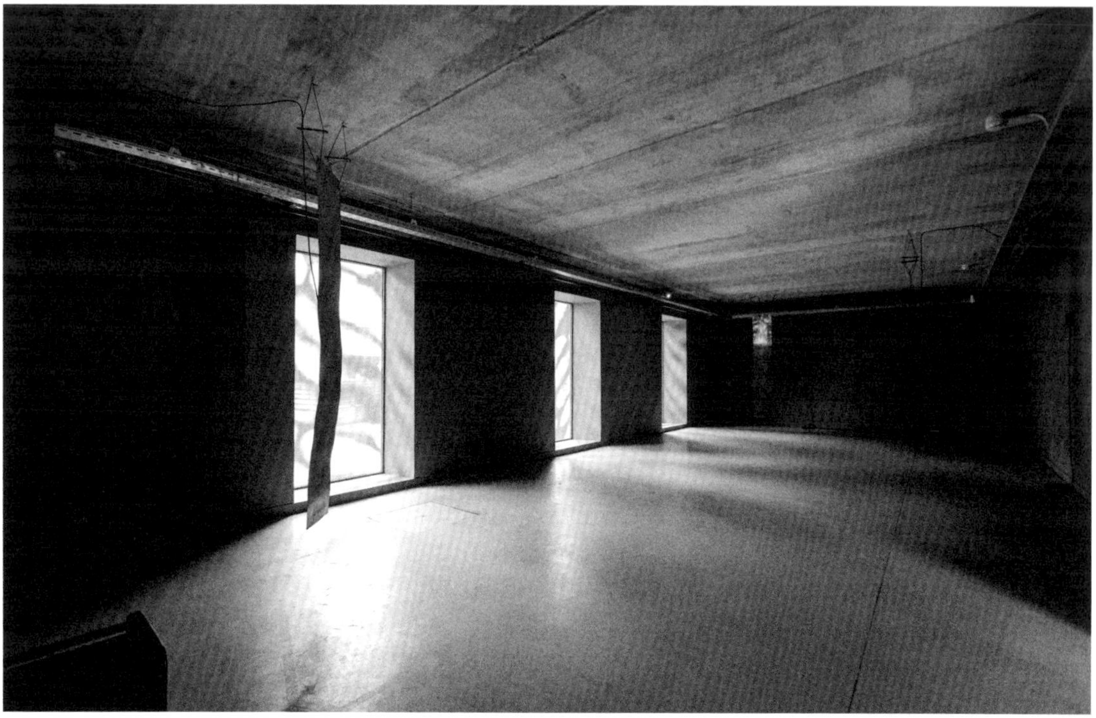

Nuno da Luz, *Heart of Sky Centro do Vento*, 2021, gnration, Braga. Foto / photo: Adriano Ferreira Borges / gnration. Cortesía / Courtesy Nuno da Luz y / and Galeria Vera Cortês

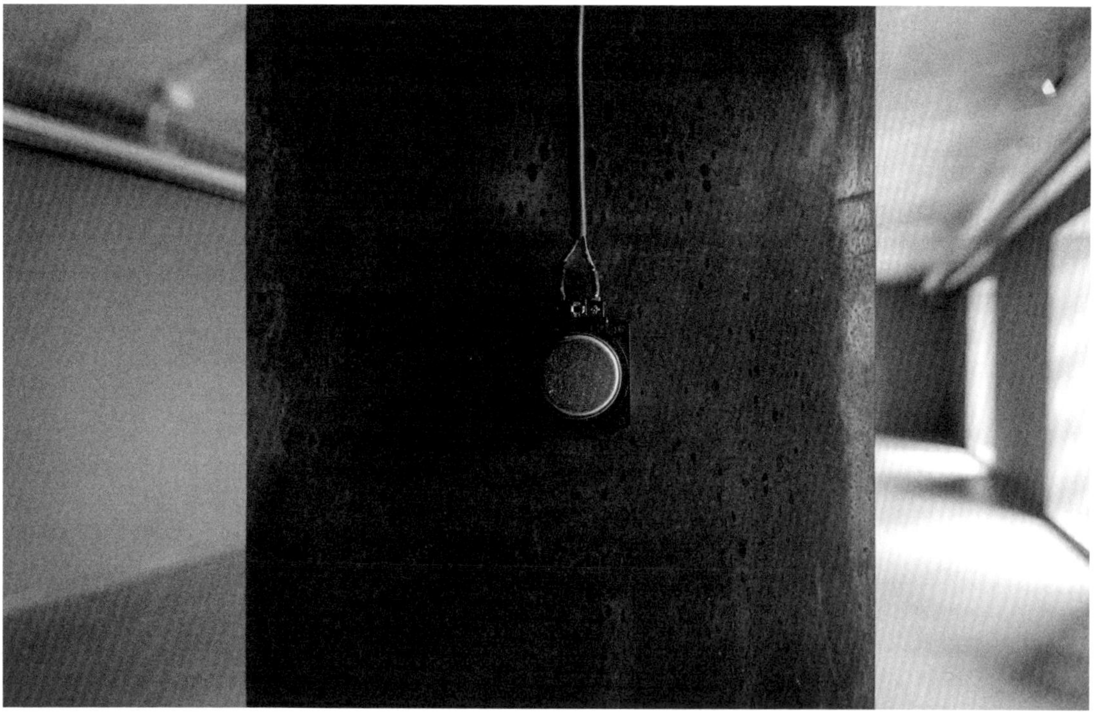

Nuno da Luz, *Daykeeper (Overtones)*, 2021, gnration, Braga. Foto / photo: Adriano Ferreira Borges / gnration. Cortesía / courtesy: Nuno da Luz y / and Galeria Vera Cortês

In some of da Luz's work, the energies of one environment modulate another, revealing the interconnectedness of seemingly distinct or separate places.

In *C'mon (Modulation with Two Microphones and Two Amplifiers)*, 2011, for example, da Luz tethered two weather balloons equipped with wireless microphones to a pier along the Tagus River in Lisbon. These helium-filled, floating balloons registered both atmospheric data — temperature, humidity, wind patterns — as well as ambient sounds, transmitting them live into a nearby museum, where they were projected through two guitar amplifiers.

In the museum, these transmitted sounds were not merely a way of "bringing the outside in" or collapsing the boundaries between outdoor and indoor space. Instead, these were *weathered* sounds — sounds that were *shaped* by weather. They modulated the ambiance inside the museum — ambience that both reflected the weather and was, in a sense, composed of atmosphere itself.

More recently, with *Daykeeper (Enwinded)* and *Daykeeper (Overtones)*, 2021 — works that were brought together in the exhibition *Heart of Sky Centro do Vento*, 2021 — da Luz expanded on the concept of using a building's external environment to modulate its internal ambience. Here, ambient sounds from outside a building were transmitted directly into the building's walls via transducers. Attached directly to the gallery's walls, these transducers — which converted electrical signals into mechanical vibrations — transformed the building into a *resonator of its own environment*. In other words, the gallery was made to physically vibrate with the sounds outside. This process effectively turned the building into an acoustic body that amplifies, filters, and reflects external sounds as they propagate through its structure. Complementing these ambient sounds were the sounds of an electric aeolian harp that was activated by outdoor winds — transmitted through thin, hanging copper plates, again via transducers.

A recording of *Heart of Sky Centro do Vento* reveals the turbulent interplay of weather energies manifested as architecture.

Listening to this building-turned-into-weather, I heard sustained, low-frequency tones reminiscent of electrical hums whose pitches seemed to shift organically, rising and falling, swelling and dissolving, multiplying and dispersing as if propelled by sudden gusts or bursts of energy. Layered over these droning tones were the sounds of winds encountering matter — objects, bodies, surfaces — their presence made audible through impact and resistance. These 'enwinded'[6] sounds felt

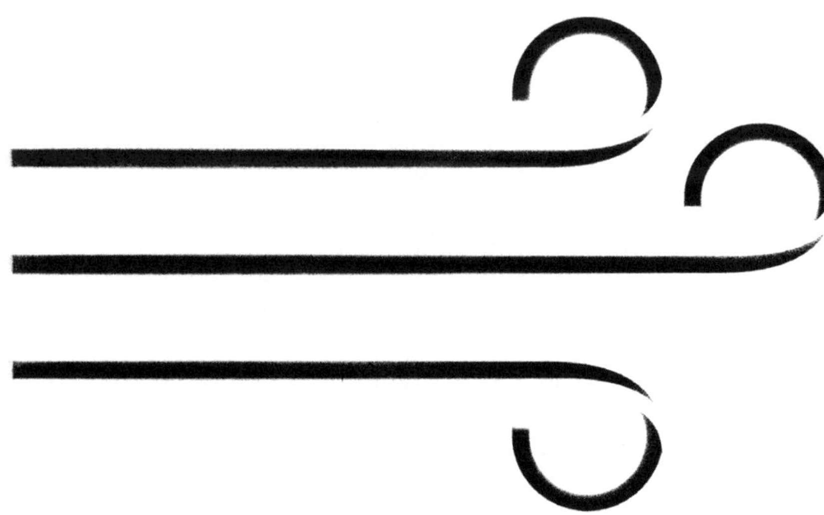

Nuno da Luz, *Bay of Santander Sonic Disposal Service* (servicio de eliminación sónica de la bahía de Santander), 2025: detalle de la velocidad del viento entre 2020 y 2022 en la costa de Santander. Producida por la Fundación Botín / detail for wind speed between 2020 and 2022 on the Santander coast. Produced by Fundación Botín

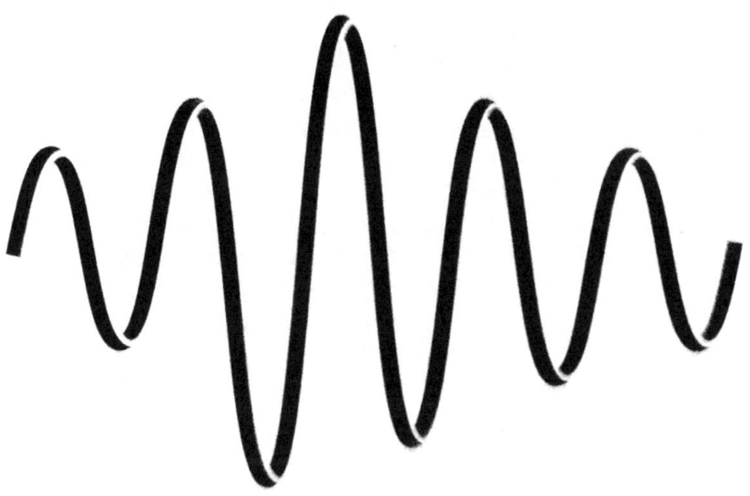

Nuno da Luz, *Bay of Santander Sonic Disposal Service* (servicio de eliminación sónica de la bahía de Santander), 2025: detalle de la altura máxima de las olas entre 2020 y 2022 en la costa de Santander. Producida por la Fundación Botín / detail of maximum wave height between 2020 and 2022 on the Santander coast. Produced by Fundación Botín

distinctly nonhuman, shaped not by the intentional gestures
of a performer or composer, but by raw energies and forces
acting in and on the world.

As sound, wind emerged in different forms: fleeting bursts
of white noise; the percussive clatter of objects struck or hit
by air; deep, rumbling undertones; electrical tones that seemed
to breathe, or perhaps be breathed *through*; sudden, harsh,
noisy wind-tones that gathered abruptly, emerging from nothing yet acquiring vivid, seemingly massive presence.

With *Heart of Centro do Vento*, da Luz transforms architecture into a mediation system for wind, an energetic force in
continuous flux. This is *architecture reconfigured as energetic*;
architecture that has become as a field of intersecting, overlap-
ping, intertwining energies. A building is no longer a static,
solid structure, but a site of energetic encounters — a dynamic,
chaotic network of forces, pressures, and flows.

ENERGETIC ARCHITECTURES

At Centro Botín in Santander, as part of *Enredos II*, da Luz
expands his exploration of sound as a means of revealing architecture as a dynamic, resonant, open, connected entity — his
exploration of *energetic architecture.*

With *Bay of Santander Sonic Disposal Service*, he trans-
duces environmental data from the building's immediate surroundings through its walls. This data includes wave activity,
currents, and tides in nearby Santander Bay; temperature and
humidity levels; and underwater sounds captured via sub-
merged microphones. At the same time, he amplifies the building's own vibrations, extending and intensifying its normally
imperceptible *internal* or intrinsic energies.

In conversation, da Luz spoke of his interest in engaging
not only with Centro Botín's "ecological circumstances," but
also its social, cultural, and economic histories — its industrial
past and transformed present.[7] He described the center's
environment as "quite charged, very lively," a place shaped by
"different lives, different rhythms" that he sought to make
audible and present in the building itself.

"I want to bring in many different vibrations that are
happening outside — whether in the air or underwater vibrations — into the space, filtering and resonating them through
the building's walls, with hidden and not-so-hidden transducers," he said. He envisioned this as a process through which
the building "begins to resemble what is happening outside,
but at different scales."[8]

For da Luz, this work embodies a particular approach
to place — "not only how to live with it, but how to translate
its vibrations into something that is mostly sonic, but not only.

Rather, sound helps to make other things vibrate with it."[9]
He connects this idea to *sympathetic resonance*, the phenomenon
by which an inert object — such as a string, a bridge, or a
building — vibrates in response to a nearby vibrating source
that has a similar or matching harmonic frequency. Sympathetic resonance, a kind of co-resonance, occurs without any
contact between the two objects. Rather, it emerges through
the transmission of energy — such as sound waves traveling
through the air — between them.

Bay of Santander Sonic Disposal Service draws from
da Luz's interest in environmental noise: "whatever is happening at a specific place and time, and how that melds with
everything else that has happened before and after."[10] It is also
shaped by the fact that Centro Botín was built over a bay.
"The building is raised on pilotis, freeing space beneath it for
the circulation of people and the wind," he explains. "It vibrates because of that."[11]

The site around Centro Botín, da Luz notes, is continuously shaped by environmental forces: shifting drafts and air
masses moving between ocean and land — fluctuations that
are shaped by temperature, sunlight, heat, and other atmospheric conditions that change throughout the day. "Because
the building sits next to this huge water mass, it needed to
withstand such unpredictable weather changes. Its steel structure and glass walkways enhance these properties: vibrations that can be precisely allocated to a passerby on one walk-
way or another, resonate through the steel beams. I'm only
further amplifying vibrations that are already there."[12]

AIRS AND ATMOSPHERES

For *Enredos II*, da Luz proposes a second work, *Collected Airs*,
which further develops his concept of *echology* — this time
through reverberation, the lingering or persistence of sound
after it is produced.

In this work, da Luz has created an ensemble of five reverberation units (devices that control reverberation). Mechanical
reverberation units typically take one of two forms: *spring
reverb*, where metal springs generate reverberation, or *plate
reverb*, where a suspended metal plate produces it. The units
in *Collected Airs* belong to the latter category. Each of the five
reverberation units consists of a large, suspended steel plate
fitted with a transducer that converts audio signals into physical vibration. "When set in vibration," da Luz explains,
the plates "drench any sound they receive in seconds-long
reverberation."[13]

While traditionally used in the studio to add spatial
depth to musical recordings, da Luz reimagines the

reverberation unit as an instrument, a sculptural presence
that interacts with its environment and functions as a kind
of time keeper. For the exhibition, he invites five improvising
musicians to play with or toward a plate. Each musician's
performance is recorded and played back through their as-
signed plate over the course of the exhibition. Yet the plates
do not only transmit these performances; they also resonate
with a live feed of ambient sounds from outside the Centro
Botín. In this way, each plate serves not only as a musical
record, but also as a "timestamp," preserving the traces of a particular moment — its shifting weather and the unpredictable
events that compose it.[14]

With *Collected Airs*, da Luz underscores that vibration
is more than just the physics of sound or its "mechanical
nature."[15] Rather, he explores how sound imprints itself upon
the world. Referencing J.G. Ballard's short story "The Sound-
Sweep," he draws on the idea of sonic waste to reimagine sound
as something that lingers. "This text speaks to the idea of
trying to activate things that are still sounding in our shared
environment, even if we cannot hear them anymore," he says.
"Not through our ears, because it's not [physically] there. The
sonic waste in Ballard's short story, it lingers. It's doing something to us. It's still working through us."

Da Luz's concept of *echology* draws attention not only to
what sound is — its nature or essence — but to what sound
does: how it acts upon the world, shaping environments, and
affecting both human and nonhuman beings. Just as "we know
the wind is there because of what it does," as suggested in the
opening passage of this chapter, sound in an *echology* is also
"doing something to us, working through us.

Similarly, just as "winds both absorb and form contexts
and conditions," sounds, too, are shaped by their environment
while simultaneously reshaping them. In *Collected Airs*, sound
continuously remakes its environment through the interplay
of echoes, reverberations, and reflections. An environment,
rather than being a static collection of objects — as place is
often imagined or pictured — is revealed instead as a site of
perpetual flux, refracted, diffracted, and continuously transformed by the unfolding and reverberation of sound.

CONSTELLATIONS

Da Luz's work has roots in multiple artistic traditions, including
environmental art, sound art, soundscape composition, free
improvisation, and experimental and electronic music. Yet it
resists easy categorisation, diverging from these traditions
in significant ways, and engaging critically with certain traditions and their underlying assumptions.

For example, while da Luz notes the connections between his work and the World Soundscape Project — an influential research group founded by the late Canadian composer R. Murray Schafer (1933–2021), which popularised the term *soundscape* to describe the sonic environment — his approach departs from conventional soundscape composition. Da Luz does not typically create compositions derived from field recordings (environmental recordings), nor does he seek to document or capture "remote," "exotic," or endangered soundscapes, viewing such endeavours as neo-colonial and exploitative.

In *Notes on Poetry as an Echological Survival*, da Luz suggests that the methods adopted by early soundscape composers "mirrored [those] of early naturalists... who explored "'remote' and 'exotic' parts of the world, [depicting them] as wild and emptied of interspecific relations between non-Western humans, other-than-humans and the places themselves."[16]

Elsewhere, he remarks that there is "something perverse in people of Western origin, mostly white, travelling to distant or inhospitable places to record so-called pristine environments when these territories are seriously threatened and rapidly disappearing."[17]

Rather than merely *documenting* or *composing* soundscape, da Luz stretches the boundaries of how soundscape is conceived and perceived. He deploys environmental sounds to *modulate* or reveal environments and energies. He converts environmental phenomena (such as ocean waves or volcanic eruptions) *into* sound — but he does not merely *sonify* or make audible environmental data. Rather, he sets into motion dynamic networks of energetic flows, revealing the interconnections between environments through their sonic energies. Da Luz's works are emergent and active — they act in and affect environments and spaces, rather than merely documenting or reflecting them.

Da Luz's practice is rooted not only in sound art traditions, but also arguably in minimalist art and conceptual art of the 1960s and after. His approach is heavily shaped by process and concept, and it often uses a minimum of means to activate and engage vast phenomena. In this sense, it aligns with the work of minimalist artists and composers who used sparse acoustic stimuli to produce vivid, profound, even transcendental experiences.

In its attunement to sound and place, da Luz's work shares affinities with Maryanne Amacher (1938–2009), the late American composer who pioneered architecturally scaled sound installations and live ambient sound transmissions. Starting in the late 1960s, Amacher transmitted sounds through building materials and structural elements such as walls and floors, projecting sounds not only through loudspeakers but through the very fabric of a building. Her works transformed entire buildings into "sound houses" — suites of rooms connected through sound.

Amacher's *CITY-LINKS* series, 1967–1981, an important historical precedent, entailed live sound transmissions that connected distant spaces. For example, Amacher once placed microphones in Boston Harbour, transmitting sounds live from the harbour into her studio for over a year, merging distinct environments through their soundscapes. She wrote of the *CITY-LINKS* series that "the sounds from one or more remote environment (in a city, or in several cities) are transmitted 'live' to the exhibition space, as an ongoing sonic environment."[18] She continued:

> I produce the installations using... microphones I place in the selected environments, spatializing these works with many different sonic environments: harbors, steel mills, stone towers, flour mills, factories, silos, airports, rivers, open fields, utility companies, and with musicians "on location." The adventure is in receiving live sonic spaces from more than one location at the same time — the tower, the ocean, the abandoned mill. Remote sound environments enter our local spaces and become part of our rooms.[19]

Amacher's described the process underlying *CITY-LINKS* as "*sonic telepresence.*" Her idea is important to revisit in relation to da Luz's work, since it suggests that sonic environments can be distributed over multiple, remote spaces, modulating them. While the radio, telephone, and other telecommunications technologies had long made it possible for sound to be *heard* in distant spaces, a key distinguishing aspect of Amacher's concept of sonic telepresence, developed in a new way in da Luz's practice, is the idea that an *environment* can be distributed, transmitted, and transposed, through the transmission of sound.

Another important historical reference is the American composer Alvin Lucier (1931–2021), whose works explored the physics of sound and the psychology of hearing. In certain works, Lucier made imperceptible energies perceptible. With *Music for Solo Performer*, 1965, for instance, he used his own live brainwave signals — oscillating electrical voltages in the brain — to activate a group of small percussion instruments, thus turning the body's electrical activity into music. Undertaking such energy conversions and, more fundamentally, engaging with *wave phenomena* — the behaviours and properties of waves — tie da Luz's practice with Lucier's.

In da Luz's practice, unlike that of many sound artists or composers, the focus on waves extends beyond the purely sonic — acoustic waves — to a vast array of other wave phenomena: tides, currents, and signals, whether the electrical signals transduced through energy conversion or the tides of a river, sea, or ocean. These waves are not only linked by their behaviours, but also by the way they reveal the interconnectedness of all phenomena — how a single ripple can set off a cascade of "interrelated effects."[20]

Da Luz's work is also rooted in artistic and philosophical traditions that stress *relationality* — the idea that "the key to constructing liveable worlds lies in cultivating ways of knowing and acting based on a profound awareness of the fundamental interdependence of everything that exists."[21] Relational philosophies extend beyond human social connections to highlight the interdependencies between human, non-human, and other-than-human worlds.

Crucially, da Luz's art places an uncommon emphasis on listening as relational. For him, listening is not merely an act of perception but a way of revealing the entanglements between human and nonhuman worlds. Through listening, he suggests, we do not simply register sound — we become *closer* to the world around us, "not only affected" but "fully invested and involved, swept by the coursing currents that stream through and envelop us."[22] Listening, he writes, is an immersion in "uncontrollable, unpredictable, and unstable waves of vibration — turbulent patterns that shape us as much as they are shaped by our presence, one more point of disturbance amid many in otherwise laminar flows."[23]

1 Cymene Howe and Dominic Boyer, "Aeolian Politics," *Distinktion: Scandinavian Journal of Social Theory* 16, no. 1 (2015): 31.

2 Nuno da Luz, "Notes on Poetry as an Echological Survival; Or on the Possible 'Value' of Artworks, for the Future," in Nuno Crespo and Nuno da Luz (eds.), *Poetry as an Echological Survival* (Porto, Lisboa: UCPress, Sistema Solar/ Documenta, 2022), 128.

3 Da Luz, "Notes on Poetry as an Echological Survival," 128.

4 Margarida Mendes, "Ecophilosophy as Practice," in Crespo and da Luz (eds.), 2022, 50–70. See also da Luz, "Notes," 133.

5 da Luz, "Notes," 132, emphasis mine.

6 Ibid., 133.

7 Nuno da Luz and Gascia Ouzounian, unpublished conversation, Zoom, December 18, 2024.

8 Ibid.

9 Ibid.

10 Ibid.

11 Ibid.

12 Ibid.

13 Nuno da Luz, unpublished synopsis, 2024.

14 Ibid.

15 Da Luz and Ouzounian, unpublished conversation.

16 Da Luz, "Notes," 130.

17 Nuno Crespo and Nuno da Luz, "Conversation," in Nuno Crespo and Nuno da Luz (eds.), *Poetry as an Echological Survival* (Porto, Lisboa: UCPress, Sistema Solar/Documenta, 2022), 152.

18 "Maryanne Amacher: City-Links," *Ludlow 38 Archive*, accessed February 11, 2025, https://ludlow38-archive.org/exhibitions/ maryanne-amacher-city-links/.

19 Ibid.

20 Da Luz, "Notes," 128.

21 Arturo Escobar, Michal Osterweil, and Kriti Sharma, *Relationality: An Emergent Politics of Life Beyond the Human* (London: Bloomsbury, 2024).

22 Da Luz, "Notes," 132.

23 Ibid., 132.

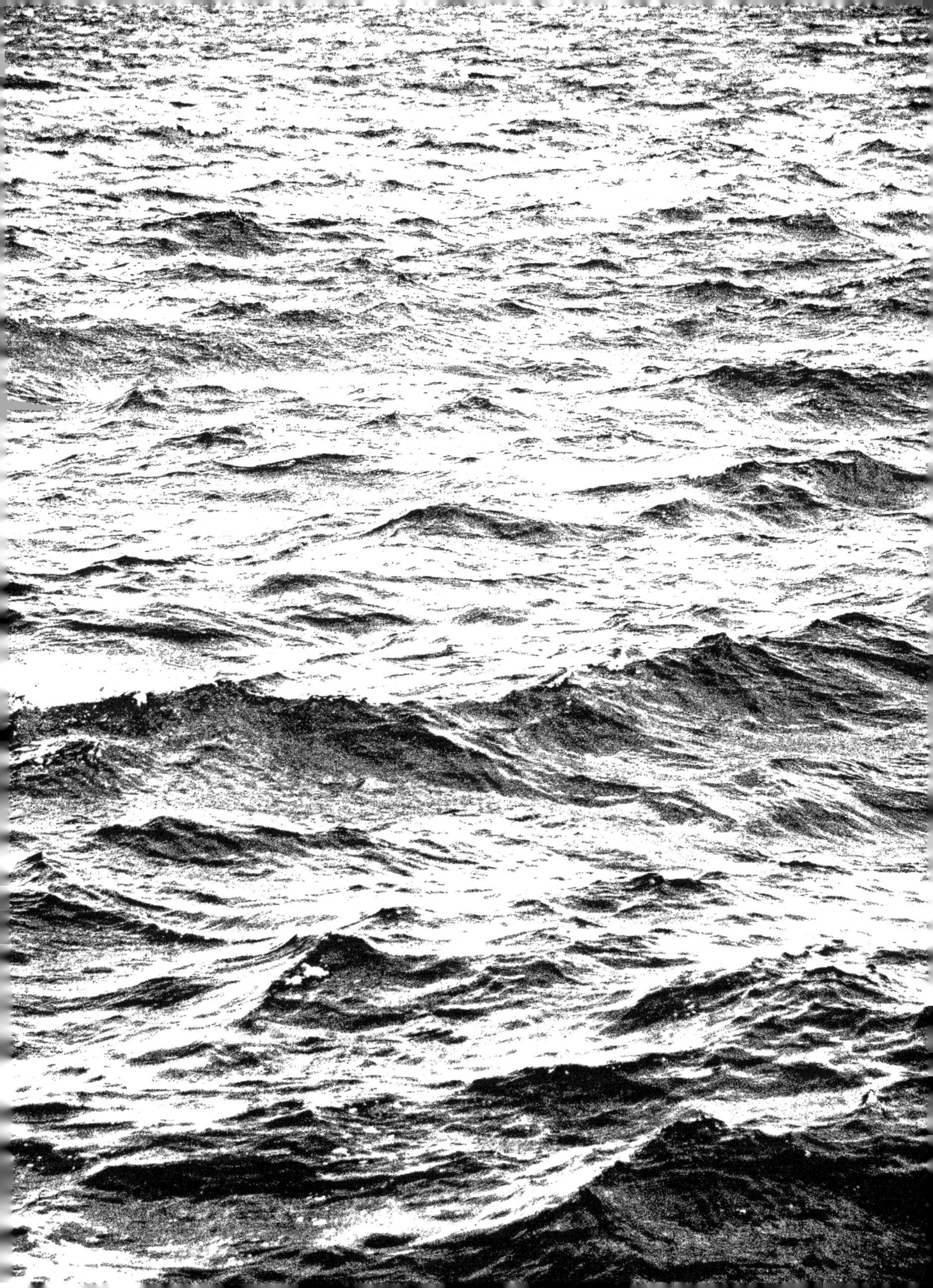

MATERIA VOLÁTIL

∞

ESFERAS SONORAS

∞

MURMULLOS MOJADOS

∞

Alejandro Alonso Díaz

En la noche, sus dos cuerpos se tanteaban hasta encontrarse en la escalinata de piedra que desciende a la bahía. Entre la bruma de una mar agitada, su presencia acariciándose no se revela a la mirada de un hombre que pasea absorto. Una hilera de farolas queda oculta por el muro de piedra, y la luz de la luna solo alcanza sus rostros tras reflejarse en el agua. En marea baja, la fuerza de las olas se oye como el lejano crujido de una voz que los llama. Sus ojos están llenos de adrenalina por este primer encuentro. Es tan tarde que el silencio de la noche solo lo rompe el susurro de sus labios rozando, el movimiento de su pelo en el cuello, la fuerza de sus palmas chocando.

Esa noche, acurrucados como un nudo en el muro, escuchan la inmensidad del cielo nocturno y sus estrellas intensas. Solo el cielo negro, con el mar humeante, podría sonar como un coro al deseo. El apetito del océano, yendo y viniendo en ninguna dirección concreta, produce un ritmo que lo invade todo. En la oscuridad, el sonido parecía provenir del cielo volviéndose cada vez más gris, una forma de aire más denso y más húmedo. En el horizonte turbio, escuchan cómo el agua se rompe contra las dunas. Pero ¿qué eran, entonces, las espumas de aire, las cáscaras, los palos, las conchas y los huesos que juntos llegan hasta la orilla? Su tintineo flotando murmura como si un espíritu estuviera cantando en su interior. Un sutil susurro llenando el aire que viaja en la bruma.

Cuando finalmente paran y se miran, parecen despertarse de un estado de trance para escuchar a las gaviotas que se pelean y picotean sobre la superficie del agua, tratando de atrapar una bolsa de plástico. Este paisaje sonoro es todo lo que envuelve los deseos más enormes. La magnitud de sus miradas expresaba el encuentro de vibraciones contra ese muro de piedra rebotando el sonido oceánico, denso y húmedo. Esta influencia de la humedad sobre sus gargantas es quizás el canal por el que fluye el deseo. No querían hablar, como si sus palabras fuesen notas discordantes arrojadas desde fuera, un ruido que pudiera romper el vaivén y el ritmo de su composición corporal. Pero finalmente «Mira», dijo él, «mira a esa mujer».

El contorno de su cuerpo embarazado revela una vida dentro de sí. Ha salido a caminar al borde del agua para intentar calmar el insomnio. Ya es madrugada y sigue sin poder dormir, pero a medida que camina por el perímetro que separa agua y asfalto, su cuerpo comienza a reconocer la liquidez que los une. En el útero de su madre, un embrión acompasa las frecuencias del cuerpo y de las mareas. El líquido amniótico envuelve su piel formándose y la fluidez de ese sonido visceral en el vientre se sincroniza con las secuencias de corrientes y olas.

Al borde de la acera sobre el agua, puede ver las
manchas de algas moverse, tupidas y sinuosas,
resistiendo la cercanía de la ciudad. Una placenta verde,
vegetal, tranquilizadora, que lleva consigo el sonido de
millones de partos pasados.
—Silencio— pensó. Las algas tienen un silencio que se oye.
En realidad, «todo silencio consiste en la red de ruidos
menudos que lo envuelve: el silencio de la isla se
diferenciaba del silencio del tranquilo mar circundante
porque estaba recorrido por murmullos vegetales,
cantos de pájaros o un brusco rumor de alas»[1].
A sus pies, abajo del muro, el agua y el verdín se
encuentran. El sonido del líquido deslizándose por su
superficie viscosa es de una sensualidad intensa, límpida,
atravesada hasta el fondo por la continuidad de las ondas
salinas. Mientras escucha su movimiento, una corriente
de aire se desliza sobre su nuca. Un sonido afilado, rápido
y cortante, revela otro cuerpo en la escena.

43°27'35.6"N, 3°48'18.0"W

Patinando con sus cascos puestos, un skater se desliza
ligero, ingrávido, alrededor del museo. El sonido de las
ruedas de goma sobre el cemento es el de una fricción
suave, amable, continua. A medida que coge impulso, sus
gestos son más livianos. Ya no hay chasquidos, ni quiebres,
ni giros que rompan la continuidad del movimiento, solo un
baile continuo. El sonido de la goma contiene sus gestos y,
cada vez más caliente por la fricción, sus ondas suenan como
una chimenea de cerca, con las llamas consumiendo el tronco,
lenta pero impasiblemente. Al frenar con las suelas, el sonido
es más seco y mientras pierde velocidad se desvanece en el
silencio nocturno.

43°27'45.4"N, 3°47'36.6"W
Pero un rugir ancestral rompe la noche.
El motor de un buque de carga suena
en la distancia. Mil caballos de
potencia como la voz de una bestia
mitológica que, a través de la
combustión del petróleo, viaja por el
oxígeno del agua hasta llegar a tu
tímpano. Millones de cuerpos de
animales extintos son ahora una
fuente de energía fósil. Nos
calientan, nos mueven, nos
alimentan. Su sonido es grave,
profundo, y nos convoca desde otra
dimensión temporal. Las ondas
sonoras viajan más allá del presente.
Suenan desde otras esferas del tiempo,
lo doblan, lo comprimen, lo
parten, lo expanden.
Bajo una cúpula estrellada,

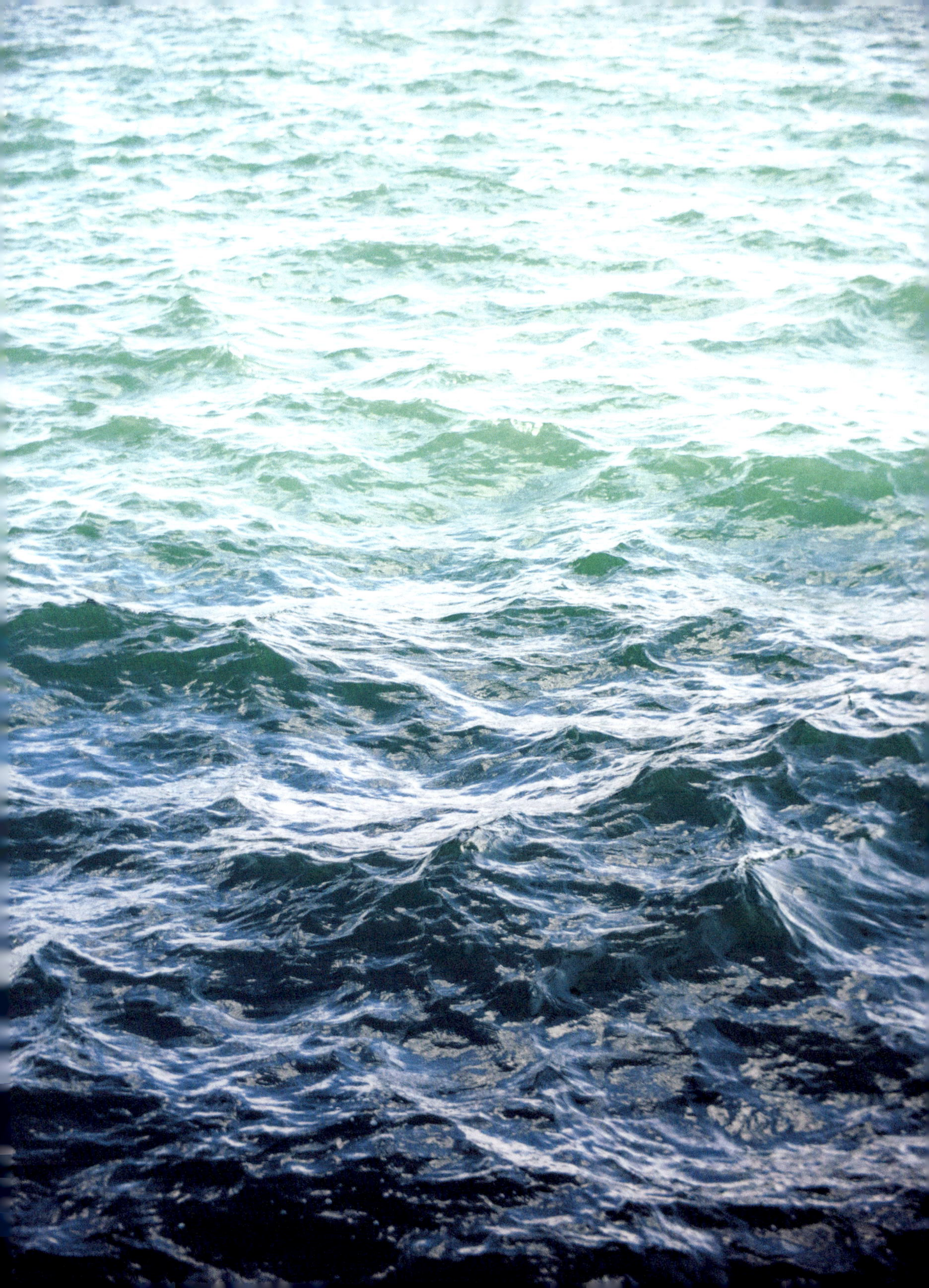

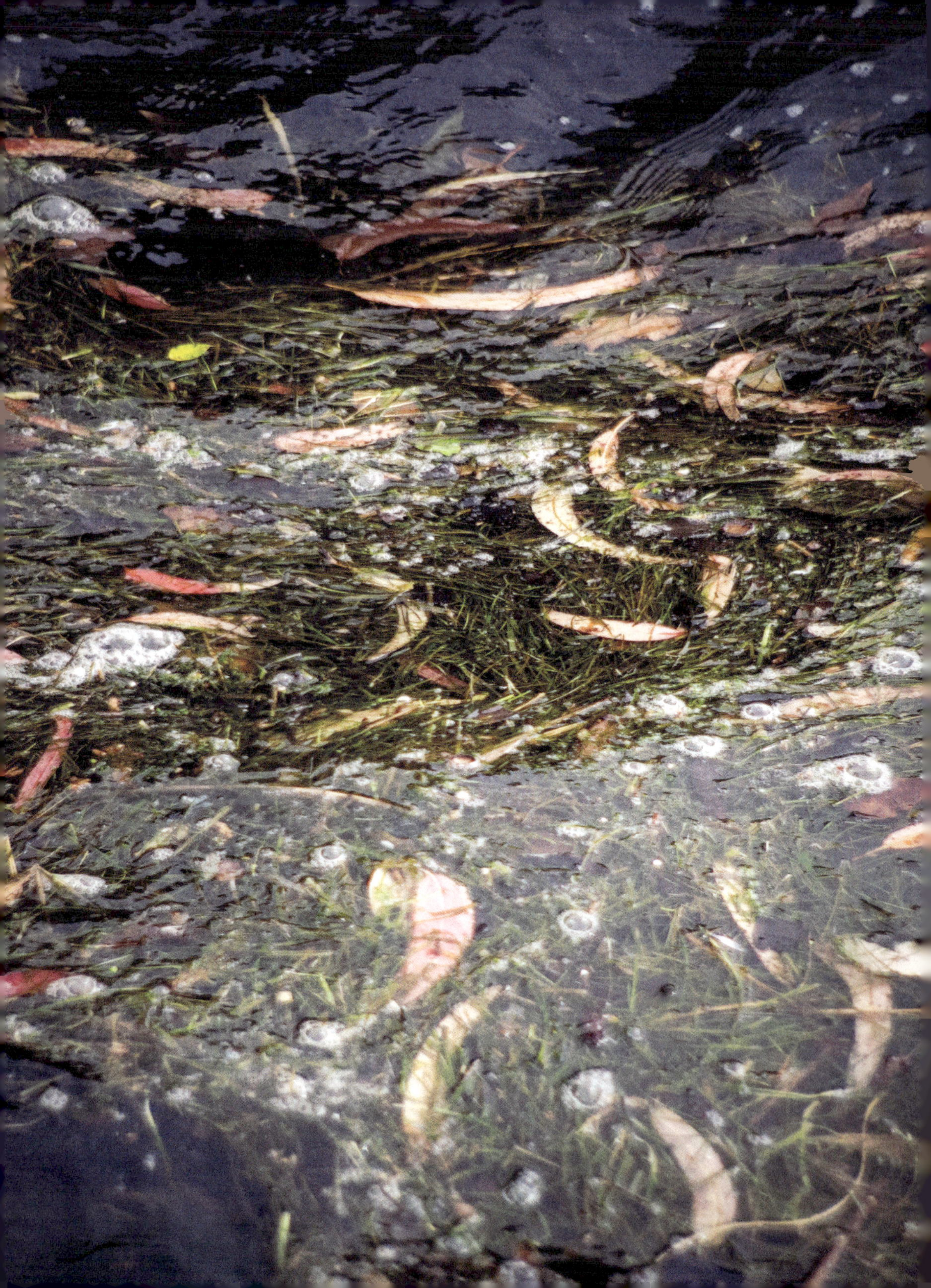

las frecuencias de la vida y la muerte
rebotan contra el diafragma. Las
turbinas que alimentan el motor de
ese barco vibran con la fuerza de
vidas pasadas para atravesarnos esta
noche, para contarnos que los
graves siempre pueden ser más
profundos.

43°27'36.6"N, 3°48'09.3"W
De fondo, bajo el rugir atronador, un sonido metálico,
crujiente, lleno de aristas, se vuelve una presencia
familiar. Pero no es fácil identificar su procedencia,
hasta que la figura de dos gaviotas apoyadas sobre una
boya emerge en la niebla. Han robado un kebab y,
posadas sobre una baliza de vigilancia, lo picotean. El
sonido del papel metálico entra en un vaivén rítmico
con el sonido sensual, blando, derretido, de los
adolescentes besándose contra el muro. La melosidad de
la saliva y la rigidez del metal se entrelazan en un
patrón sonoro surgido de su fricción. Cuando las ondas
que viajan desde la bahía al asfalto y desde el asfalto a
la bahía se encuentran, llenan respectivamente sus
huecos. Su fricción es su compás, su apoyo mutuo. Lo
que en el mundo de las ideas y las imágenes estáticas
es disonante, en la práctica de la vibración y el ritmo se
asemeja más a la fusión, a la coexistencia, a la vida. Una
suerte de amor entre partículas vibrando. Pero en el
instante anterior a identificar la fuente de este sonido,
cuando aún no conecta con la experiencia vivida, nos
aferramos a pistas que animen nuestra proyección visual.
Más que una simple especulación de origen abstracto,
el conocimiento sonoro anhela experiencias vividas,
memorias archivadas en el cuerpo, referencias
sensoriales que, durante segundos, han estado
buscando incansablemente su correspondencia en el
mundo exterior. El simple crujir de un papel
metálico desencadena un sentido de pertenencia
animal. Incluso cuando la tonalidad no es exacta, y
simplemente se asimila a nuestro propio repertorio
acústico, las ondas que llevan millones de años
filtrándose en nuestros poros, desde que los graves
y los agudos llegaron a través de viajes cósmicos, hoy
son irreconocibles pero profundamente familiares. El
encuentro entre el pico de una gaviota y un papel
metálico nos conecta con el sonido de una galaxia
extinta. Nos devuelve a la reverberación de muchas
otras voces, como ecos cercanos, arrullos efímeros.
Mucho más allá de donde llega el oído, las vibraciones
atraviesan, vertical y horizontalmente, campos de la
experiencia más primitiva y real. Una frecuencia
espectral que despierta en el cuerpo una memoria
sónica, muscular, cósmica.

43°27'11.9"N, 3°47'27.3"W
Desde el oriente, el tintineo de
los mástiles metálicos en el
puerto invita a pensar en caos.
Un aparente desorden que, tras
una escucha más profunda,
revela un patrón de afinidades
complejas entre estos palos de
metal alargados, melancólicos,
que como los cipreses buscan
hablarle a dios. El reflejo de la
luna plateada sobre la densidad
de la gasolina esparcida en el
puerto completa esta escena
metálica. ¿Acaso existe un
lenguaje mineral entre la luna
y los mástiles? ¿Será esta
percusión nocturna un lenguaje
secreto entre la fibra de carbono
y sus ganas de regresar al
universo, oscuro, expansivo,
incierto? El canto de estos
mástiles es una historia sin
palabras, una polifonía que
nos lleva a un lugar donde no
existía el lenguaje. Una noche
inmensa en la que, en cambio,
escuchamos desde la percepción
del mundo como una capa más
de nosotros, como una
prolongación sensible que nos
sostiene vibrando.

∞

Entre estas coordenadas existe un zumbido imperceptible que despliega
una geometría sensible. Distancias, superposiciones, huecos y ángulos
que determinan una forma acústica volátil, centrífuga. La vibración
de estos sonidos yuxtapuestos es una suerte de murmullo que eriza el
vello de la parte posterior de la nuca. Sus ondas vibran contra el
borde de uno mismo, contra los labios, contra la piel metálica de una
arquitectura, las mejillas, la garganta, el cráneo, el corazón.
Este sonido se oye desde dentro. Nuestras vértebras envían señales
eléctricas que suben desde el coxis hasta el cerebro y calman la parte
que regula el miedo, la violencia, el odio.
Una onda magnética que se abre paso entre las moléculas de agua en el
cuerpo hasta asentarse en un rincón innombrable. Algunos dicen que es
allí donde reside la compasión, la ternura, el amor.
Si estas vibraciones que despiertan las distintas partes del cuerpo
tuvieran una forma, sería una figura borrosa, porque no se detiene en
el tiempo. Toda la materia del mundo, viva e inerte, se mantiene en
movimiento. Ese zumbido imperceptible es el canal por el que fluye una
energía que está en movimiento continuo: sus vibraciones ondulan desde

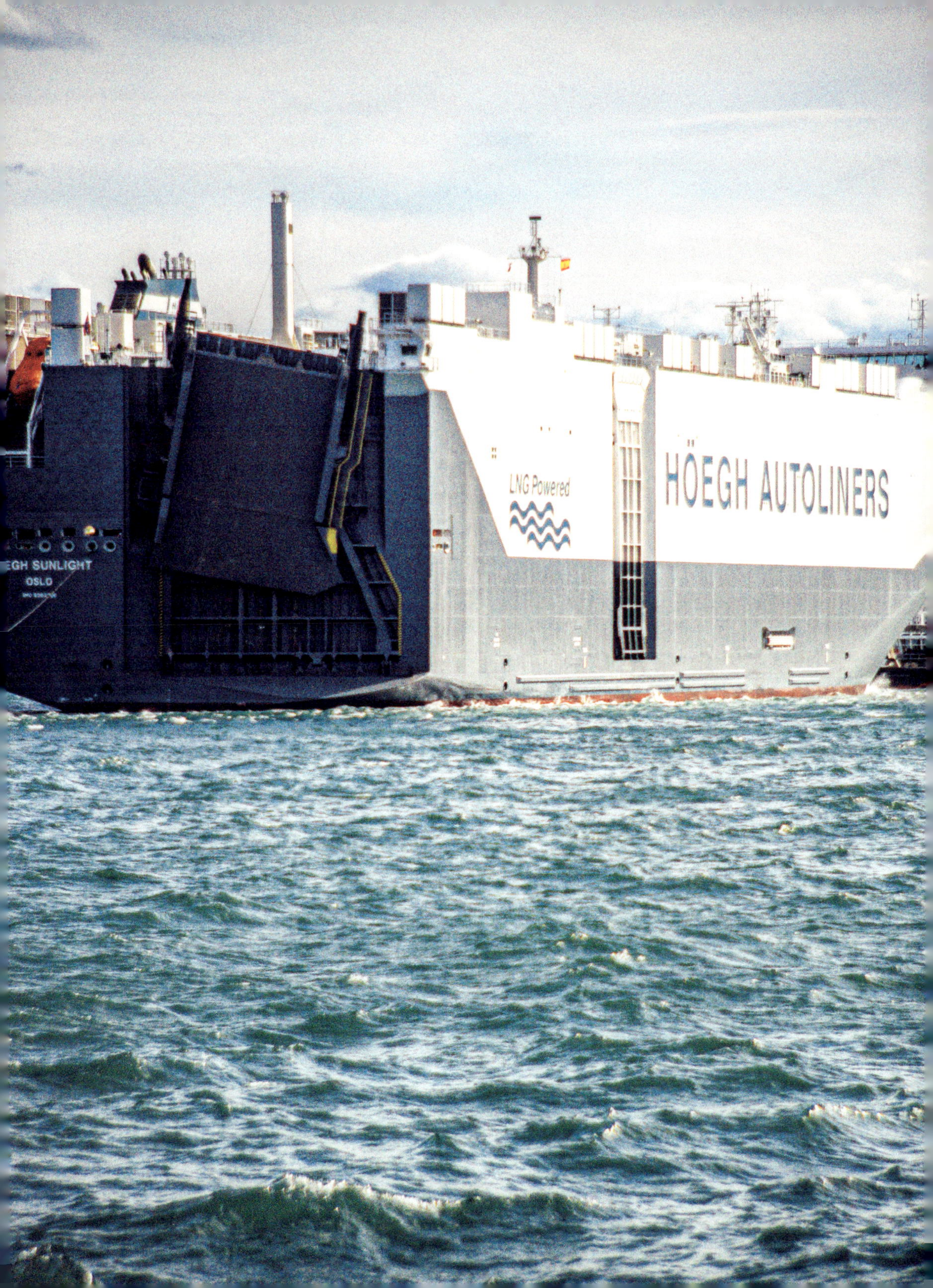

HÖEGH AUTOLINERS
LNG Powered
EGH SUNLIGHT
OSLO

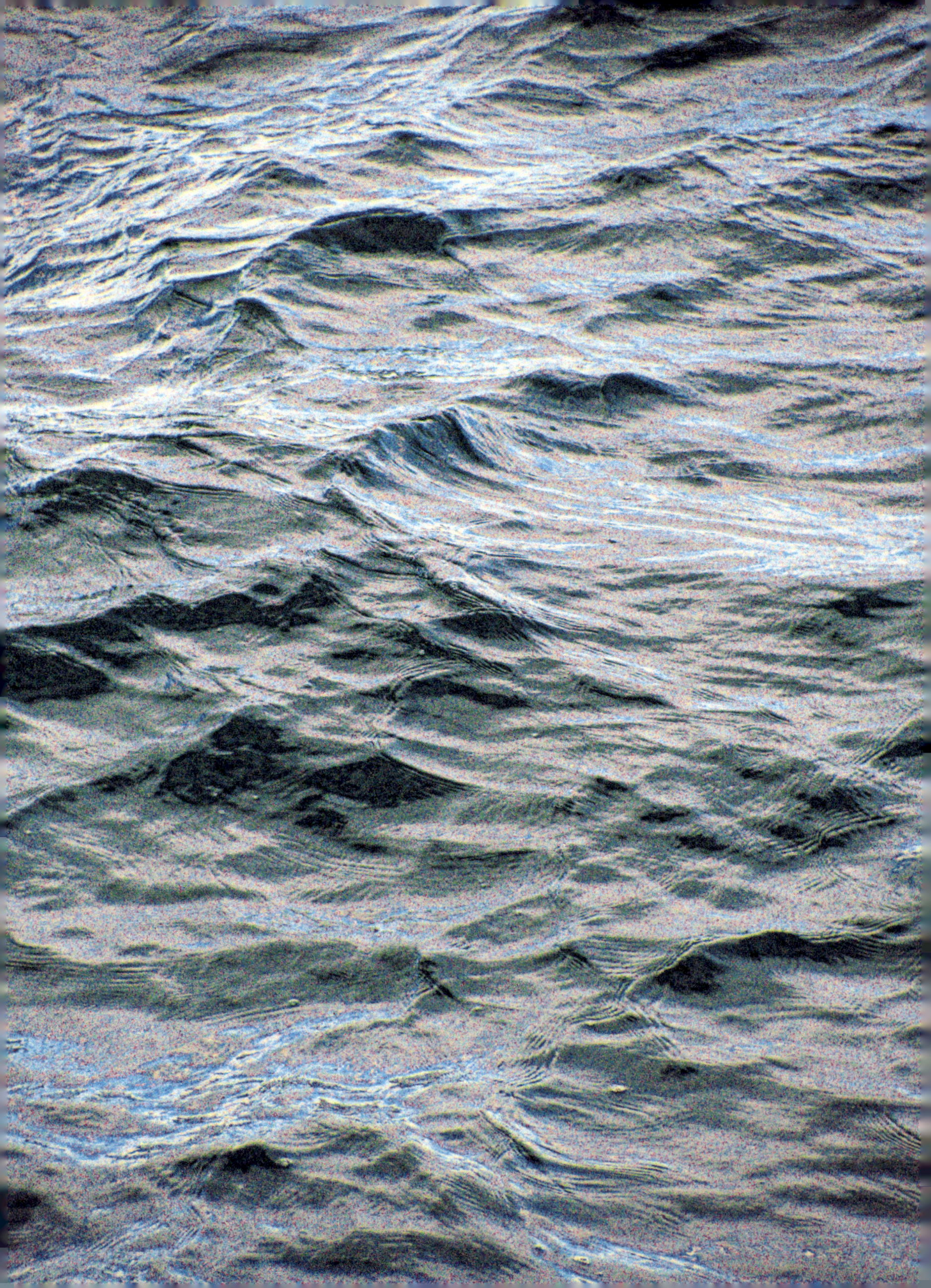

el subsuelo a la atmósfera, atravesando sin miedo los abismos y los muros de lo intrascendente. Toda vibración viaja entre los huecos de nuestra existencia conjunta, porque existir implica vibrar con nuestro cuerpo en el vacío. Irremediablemente. Si escuchas la respiración de esta ciudad durmiendo, su frecuencia exhala un aire compartido. Sonar es reconocer la inexistencia del individuo autónomo, es encuerpar el infinito continuo que hace que la electricidad viaje, que los cuerpos suden, que la vida siga.

Pero también es atraer e intervenir esos flujos, modelarlos con tu propio cuerpo, implicarte.
El grave más profundo es la posibilidad de una forma que envuelva tu cuerpo en una concavidad acolchada, suave. Es la posibilidad de que tu cuerpo esté tan dentro de otro cuerpo que te permita escuchar profundamente. Una forma acústica. Escuchar, entonces, no consistiría en incorporar una vibración a tu cuerpo, sino en acoplar tu corporalidad a la suya. Modificar su forma y dejar que la suya te modifique. Al escuchar de esta manera, tu cuerpo reconoce el amplio espectro de gradaciones sónicas: el estruendo, los susurros íntimos, el silencio, los zumbidos fugaces. Todos estos sonidos son a la vez la escenografía por la que discurre la vida y un canal por el que fluye un conocimiento sensible que está en transformación permanente. Es el ruido de fondo de nuestra existencia y el espacio de nuestra complicidad. El bucle perpetuo de sonar y escuchar es una vibración relacional de la que no podemos escapar: uno vibra para ser escuchado, y escucha para amplificar sus vibraciones. En este bucle en formación continua, los cambios de registro son los cruces de nuestras vidas. La resonancia de nuestros actos y palabras sobre otros cuerpos y vidas deshace o consolida la forma que adopta esta vibración conjunta.
Si todo sonido es suspensión,
si los graves espesan los cuerpos,
si al susurrar se reproduce la especie,
si el eco del pasado es una amenaza,
si los estruendos no cesan,
si el agua se hiela al callar,
si las teclas se engrasan,
si la piel se vuelve fina y aguda,
si todos los flujos desbordan el tímpano,
si lo que no vuelve se calla,
si el cuerpo vibra de frío,
si la voz es una condición en el mundo,
si la boca está seca,
si lo que oímos se gira y se va,
si la niebla acelera el mensaje,
si en el fondo hay murmullo de agua,
si pierdes tu voz,
si confundes el diafragma y el vientre,
si el polvo se acumula en el piano,
si la gravedad se ensancha,
si todo se vuelve a mover.

Si todas estas declinaciones sónicas son posibles variantes de
un cuerpo vibrando, lo que aparece ante nosotros es un camino
continuamente haciéndose, un tránsito rítmico que atraviesa
intensidades distintas. Desde este lugar es desde donde brota la
práctica de Nuno da Luz. Un cruce entre espacio y tiempo que reconoce
el potencial político de la resonancia. Su trabajo toma el espacio
desde una aproximación expansiva. No por su voluntad de llenar
el vacío, sino por su forma de dibujar círculos concéntricos que
atraviesen los cuerpos desde la continuidad. Al disponer y activar
cuerpos vibratorios, Nuno utiliza el sonido como una forma de
acercarse, observar y estudiar el mundo. Si atendemos a las formas
específicas por las que esta vibración nos atraviesa a todos, su
inseparabilidad desvela las dimensiones psíquica, material, espiritual,
política y social en las que se mueve nuestra existencia. Vinculando
ecosistemas y cuerpos desde su especificidad material, la resonancia
comienza a enseñarnos lo que es el mundo sin que aparezca el lenguaje.

Su aproximación al ámbito de lo sonoro refleja un deseo de acercarse
—física, emocional, afectiva y espiritualmente— a los demás, y de
diluir esta experiencia en una forma de subjetividad colectiva. Su
práctica está menos interesada por «hacer sonar» y más en una especie
de «reverberación holística». Una suerte de partitura entre especies,
formas sociales, identidades y tecnologías que estimulan una forma
borrosa de estar en el mundo. Revisando mi relación con su trabajo
en la última década, acabé encontrando algunas imágenes a las que no
me había acercado hace años. En una de ellas aparece Nuno en medio
del auditorio del Centro Botín, entre una masa de gente, un cuerpo
acuático-montañoso de fondo y la luz del ocaso. Casi una década después
de ese momento, en un tiempo en el que se intensifica el extractivismo
neoliberal, la dispersión de la atención y la turistificación de la
vida, esta imagen es un recuerdo del compromiso más profundo: la
reverberación de la experiencia a través del tiempo como una metáfora
de la forma borrosa, volátil, inalcanzable que debemos continuar
persiguiendo. El colapso de nuestros sistemas sociales en el espacio-
tiempo que habitamos, y nuestra idea de la linealidad de la vida, nos
muestran un cada vez más violento paisaje común. Pero, ¿qué pasaría si
permitiéramos que estas vibraciones sonoras nos desviaran de esta ruta
pretrazada? ¿Qué posibilidades se abren cuando estamos dispuestos a
viajar como las ondas concéntricas sobre la superficie del agua, cuando
se lanza una piedra? Viajar a través de la nada hacia la nada, desde el
traspaso total de fronteras hasta la ausencia de límites entre cuerpos.
El aire y la piel como un continuo acústico, encuerpado.

Una bifurcación, un desvío, es en nuestra mente otro camino hacia una
dirección imprevista. Pero a través del sonido, este sería un desvío en
todas direcciones, y este es el efecto conmovedor que, cuando miro esa
imagen, el trabajo de Nuno despierta en mí: una rebelión sonora contra
el direccionamiento constante que se nos impone.
En su continuo afán por escuchar y sonar simultáneamente, Nuno
despliega su deseo por realizar un intercambio energético, tomando
prestados los susurros del mundo, aunque sea por unos segundos, para
devolverles algo. Un bucle de mástiles convertidos en olas, convertidas
en besos, convertidos en algas, convertidas en un motor que ruge en la

noche. Hablar de lo que produce esta experiencia es difícil, porque es
algo que no se transmite a través del lenguaje, ni siquiera a través
de la percepción que un solo ser humano puede experimentar. Es algo
que desborda al sujeto individual y que opera desde configuraciones
más grandes. Por eso la descentralización del sonido que Nuno realiza
en esta exposición, a través de la invitación a otros músicos y
colaboradores, es una parte integral de su concepción de la vida y
el arte. Juntos, hacen que el sonido sea algo más que una vibración
bella, para revelarnos que nuestra sociabilidad individualizada se
puede diluir como parte de un compromiso más profundo. Sin las trabas
de las convenciones sociales, el reino de lo sonoro nos conmueve a la
vez que rechaza la constante presión de la legibilidad y el dominio de
la contención que continúa imponiéndose desde el complejo artístico-
académico-industrial. Regenerar continuamente una sonoridad insurgente
de nuestra experiencia vivida a través de interacciones sociales,
permite a Nuno y a los músicos que participan en este proyecto
hacernos sentir posibles rutas hacia dimensiones que de otro modo
serían inimaginables. Al escuchar y habitar el sonido, comprendemos
que un tono o un acorde que apreciamos siempre se mueve con, dentro
y a través de nosotros; nunca congela el tiempo ni el espacio, sino
que nos hace partícipes de ellos. No hay separación subjetiva entre
un instrumento vibrando y sus igualmente individualizados intérpretes
vibrando. Entonces, ¿qué pasaría si, a través de esta sociabilidad
continuada y siempre incompleta, pudiéramos sentir esta forma informe
como una densidad que se va formando pero nunca completándonos? ¿Podemos
difuminar y deshacer la solidez ontológica que nos encierra en cuerpos
separados y que nos promete un acceso total, para regresar a una forma
de encuentro que nos atraviese de verdad? ¿Podemos hacer todo esto desde
un sentido de hogar sin hogar? ¿Queda espacio para un desplazamiento
perpetuo de la propiedad que surja de la afectación continua entre
cuerpos vibrando, de espacios compartidos que no pertenezcan nunca a
nadie, que solo podamos usar para disolvernos constantemente?

Al regresar a la fotografía de Nuno, puedo seguir percibiendo la
frecuencia que continúa viajando hasta esta exposición. Y ambos son
momentos demasiado salvajes, demasiado extraños, demasiado ingobernables
como para simplemente sumarse a las estructuras y condiciones
ontológicas que lo envuelven. Ambos sin forma, ambos incompletos. La
sonoridad del trabajo de Nuno siempre nos lleva a pensar que sus ondas
continúan vibrando en un «más allá», siempre hay un «más que» que
fomenta la transmisión de la diversidad social, de la inseparabilidad,
de la implicación. El hecho concreto de que su práctica atraviese los
ejes de tiempo y espacio desde la reciprocidad refuerza la difuminación
entre la realidad material del presente y la posibilidad de puntos de
fuga futuros. Pero estos futuros serán siempre inaudibles, porque vibran
desde su naturaleza incompleta, desde la abolición del yo, desde la
nebulosa irreductible e inmensa del hacernos mutuamente. Juntos. Ahora.
Todo lo que escuchamos es nuestra disolución compartida.

*Escrito con y a través de Italo Calvino, Hypatia Vourloumis,
Zun Lee, Stefan Helmreich, Stefano Harney, Andrea Rodrigo,
Sandra Ruiz, Nuno da Luz, Armin Lorenz Gerold, Agnes Pe,
Dionne Brand y Andrew Yong Hoon Lee.

VOLATILE MATTER

∞

SOUND SPHERES

∞

WET WHISPERS

∞

Alejandro Alonso Díaz

At night, their two bodies felt their way towards each other
on the stone steps descending to the bay.
Amidst the mist of a restless sea, their presence
caressing one another remains hidden to the gaze of a passing man
rapt in thought. A row of streetlights is obscured by the stone
wall, and the moonlight only reaches their faces after
reflecting off the water. At low tide, the force of the waves
sounds like the muffled crackle of a faraway voice. Their eyes
are filled with adrenaline for this first encounter. It's so
late that the silence of the night is broken only by the whisper of
their lips brushing, the movement of her hair on her neck, the
force of their palms colliding.
That night, entwined like a knot against the wall, they listen to
the immensity of the night sky and its dazzling stars. Only
the black sky, with the smouldering sea, could sound like a
chorus to desire. The appetite of the ocean, ebbing and flowing in
no concrete direction, produces a rhythm that permeates
everything. In the darkness, the sound seemed to come from the
ever-graying sky, a denser and damper
kind of air. On the murky horizon, they hear the
water breaking against the dunes. But what, then, were
the foam, the husks, the sticks, the shells and the
bones that together reached the shore? Its floating rattle
murmurs as if a spirit were singing from within.
A subtle whisper filling the air, travelling in the mist.

When they finally stop and look at one another, they seem to awake from a
trance-like state to listen to the seagulls that fight and
peck on the surface of the water, trying to trap a
plastic bag. This soundscape is all that envelops their
greatest desires. The magnitude of their gazes expressed the
meeting of vibrations against this stone wall, reverberating
the oceanic sound, dense and humid. This influence of the
wetness against their throats is perhaps the channel through which desire
flows. They didn't want to talk, as if their words were
discordant notes hurled from outside, a noise that
could break the ebb and flow and rhythm of their bodily composition.
But finally, "Look", he said, "look at that woman".

43°27'30.4"N, 3°48'25.0"W
The contours of her pregnant body reveal a life
within her. She's gone for a walk along the water's edge to
try to calm the insomnia. It's already dawn and she still
can't sleep, but halfway through her walk along the
perimeter that separates water and asphalt, her body
begins to recognise the liquidity that unites them. In its
mother's uterus, an embryo attunes itself to the
frequencies of the body and the tides. The amniotic
liquid envelops her developing skin and the fluidity
of that visceral sound in the womb synchronises with
the sequences of currents and waves.

At the end of the pavement above the water, she can see the
algae patches moving, dense and sinuous,
resisting the encroachment of the city. A green placenta,
plant-like, reassuring, carrying with it the sound of
millions of past births.
– Silence – she thought. Algae has a silence that can be heard.
In reality, "In fact, every silence consists of the network of minuscule
sounds that enfolds it: the silence of the island was
distinct from that of the calm sea surrounding it
because it was pervaded by a vegetable rustling,
the calls of birds, or a sudden whirr of wings."[1]
At her feet, below the wall, the water and the moss
meet. The sound of the liquid sliding over its
viscous surface is intensely sensual, limpid,
penetrated to its depths by the persistent salty
waves. While she listens to its movement, a current
of aire slides across her nape. A sharp, swift
and cutting sound, reveals another body at the scene.

43°27'35.6"N, 3°48'18.0"W
Skating with a helmet on, a skater glides
smoothly, weightlessly, around the museum. The sound of the
rubber wheels on cement is that of a gentle,
pleasant, continuous friction. As they gain speed, their
gestures are lighter. There are no longer clicks, nor breaks,
nor turns that break the continuity of the movement, only a
continuous dance. The sound of the rubber contains their movements and,
as the friction heats up, its waves sound like a
fireplace close by, with the flames consuming the log,
slowly but impassively. Braking with their soles, the sound
is drier and as they lose speed it fades into
the silent night.

43°27'45.4"N, 3°47'36.6"W
But an ancestral roar shatters the night.
The engine of a cargo ship blares
in the distance. A thousand horse
power like the voice of a mythological
beast that, through the
combustion of oil, travels through the
water's oxygen until reaching your
eardrum. Millions of bodies of
extinct animals are now a
source of fossil fuels. They
warm us, move us,
feed us. Its sound is sombre,
deep, and it summons us from another
temporal dimension. Sound
waves travel beyond the present.
They sound from other spheres of time,
they bend it, compress it,
split it, expand it.
Under a dome of stars,

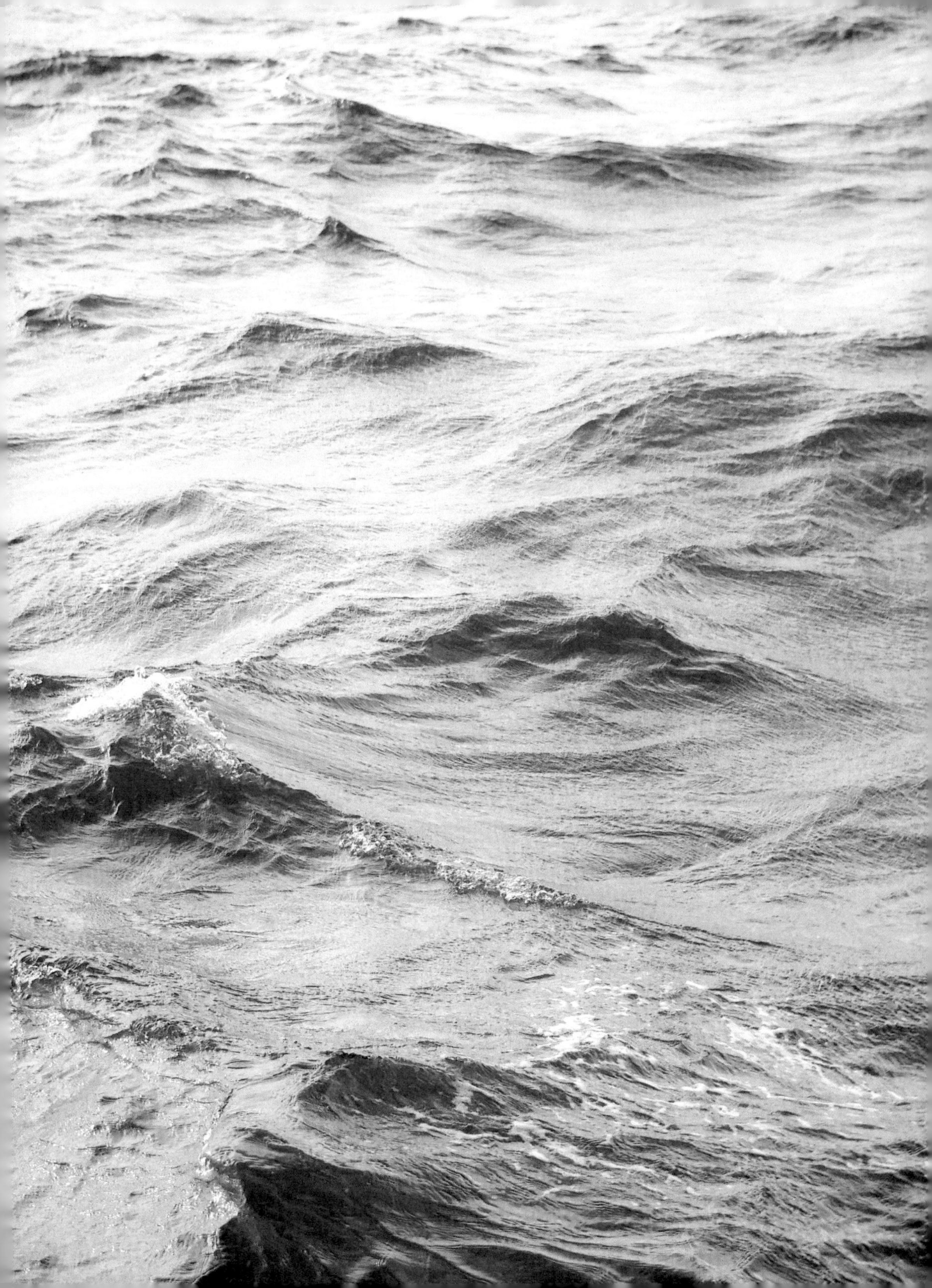

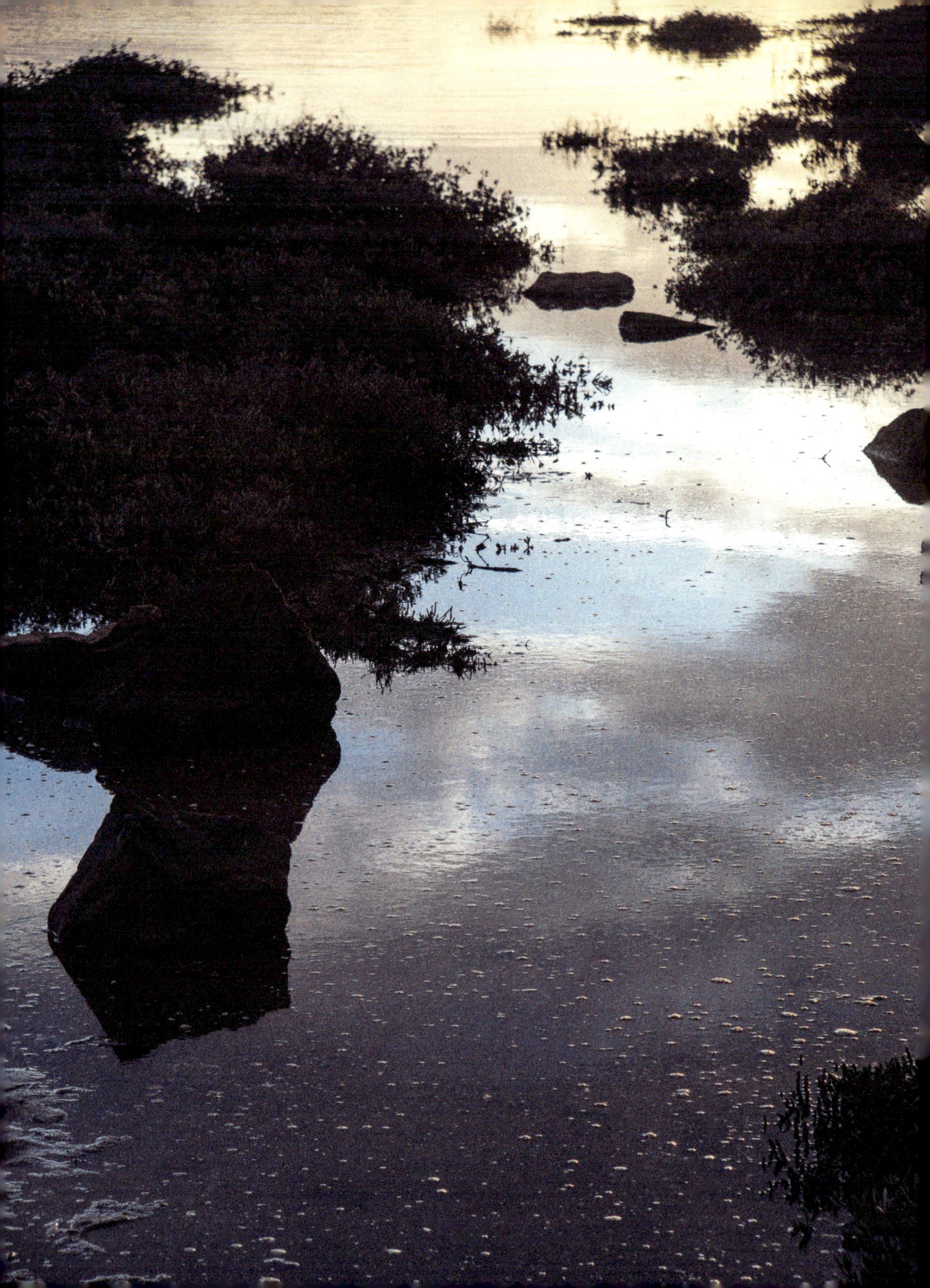

the frequencies of life and death
bounce off the diaphragm. The
turbines that feed the engine
of that boat vibrate with the power
of past lives to permeate us
tonight, to tell us that the
bass can always be
deeper.

43°27'36.6"N, 3°48'09.3"W
In the background, below the thunderous roar, a metallic, crackling
sound, filled with jagged edges, becomes a familiar
presence. But it isn't easy to identify its source,
until the outline of two seagulls resting on a
buoy emerges in the fog. They've stolen a kebab and,
stationed on a watchtower, peck at it. The
sound of tinfoil enters in a rhythmic sway
with the sensual, soft, melting sound of the
teenages kissing up against the wall. The silkiness of
their saliva and the rigidity of the metal intertwine in a
sound pattern arising from their friction. When the waves
that travel from the bay to the asphalt and from the asphalt to
the bay meet, they fill their respective
voids. Their friction is their compass, their support mutual. What
in the world of ideas and static images
is dissonant, in the practice of vibration and rhythm
seems more like fusion, coexistence, life.
A sort of love between vibrating particles. But in the
instant before identifying the source of this sound,
when it still does not connect with the lived experience,
we grasp at clues that encourage our visual projection.
More than simple speculation of abstract origin,
sonic knowledge yearns for lived experiences,
memories archived in the body, sensorial
references that, for seconds, have been
tirelessly seeking out their correspondence in the
outside world. The simple crinkling of
tinfoil triggers a sense of animal
belonging. Even when the tonality isn't exact, and
simply assimilates to our own acoustic
repertoire, the waves that have spent millions of years
filtering into our pores, since bass
and treble arrived via cosmic journeys, are
today unrecognisable but profoundly familiar. The
meeting of a seagull's beak and tinfoil
connects us with the sound of an extinct
galaxy. It transports us back to the reverberation of countless
other voices, like nearby echoes, ephemeral lullabies.
Way beyond where sound reaches us, vibrations
traverse, vertical and horizontally, fields of the
most primitive and real experience. A spectral
frequency that within the body awakens a
sonic, muscular, cosmic memory.

43°27'11.9"N, 3°47'27.3"W
From the east, the clanging of
metal masts in the
harbour suggests chaos.
An apparent disorder that, through
closer listening,
reveals a pattern of complex affinities
between these elongated, melancholic
metallic poles
that, like cypress trees seek
to speak to God. The reflection of the
silver moon on the thick layer
of petrol spread across the
harbour completes this metallic
scene. Perhaps there exists a
mineral language between the moon
and the masts? Could this
nocturnal percussion be a secret
language between the carbon fibre
and its desire to return to a
dark, expansive, uncertain
universe? The song of these
masts is a wordless
story, a polyphony that
brings us to a place where
language did not exist. An immense
night in which, instead,
we listen from the perception of
the world as another layer
of ourselves, as a
sensitive extension that keeps
us vibrating.

∞

Amidst these coordinates exists an imperceptible hum that unfurls a sensitive geometry. Distances, superpositions, gaps and angles that determine a volatile, centrifugal acoustic form. The vibration of these juxtaposed sounds is a sort of murmur that raises the hair on the back of the neck. Its waves vibrate against the edge of oneself, against the lips, against the metallic skin of an architecture, the cheeks, the throat, the skull, the heart. This sound is heard from within. Our vertebrae send electrical signals that climb from the coccyx to the brain and calm the part that regulates fear, violence, hatred.

A magnetic wave that pushes its way between the water molecules in the body until it settles in an unmentionable corner. Some say it is there that compassion, tenderness and love reside.

If these vibrations that awaken the different parts of the body had a shape, it would be a blurry figure, because it doesn't stop in time. All matter in the world, living and inert, remains in movement. That imperceptible hum is the channel through which energy flows in continuous

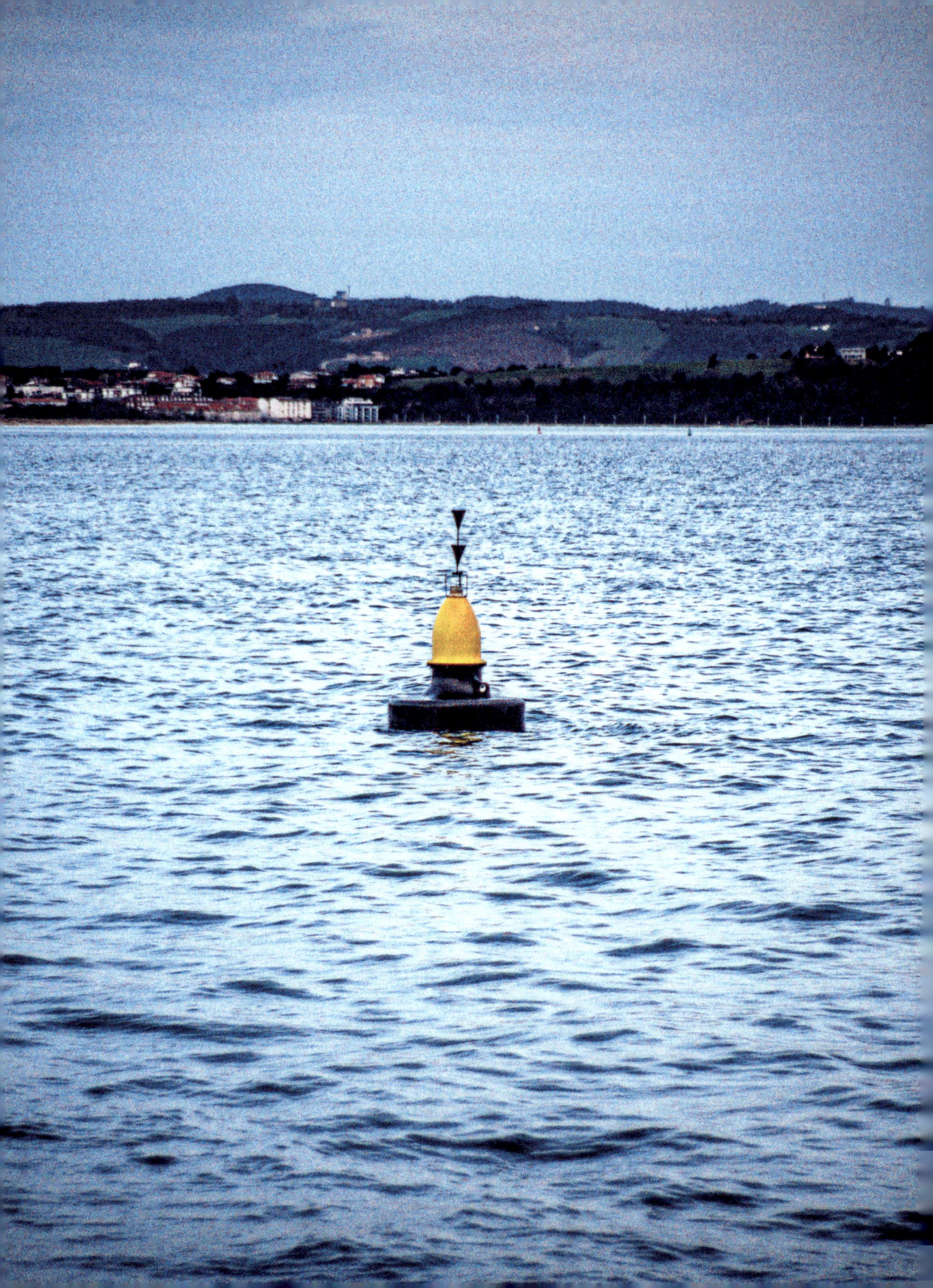

movement: its vibrations ripple from the subsoil to the atmosphere,
fearlessly crossing the abysses and the walls of the inconsequential.
All vibration travels between the gaps of our shared existence, because
existing implies vibrating with our body in the void. Irremediably. If
you listen to the breathing of this sleeping city, its frequency exhales
a shared air. Sound is recognising the existence of the autonomous individual, it is embodying the continuous infinity that makes electricity
travel, that makes bodies sweat, that makes life carry on.

But it is also about attracting and intervening in those flows, model-
ling them with your own body, implicating yourself. The deepest depth
is the possibility of a form that envelops your body in a soft, pad-
ded concavity. It is the possibility that your body could be so wrapped
up within another body that it allows you to listen deeply. An acoustic
form. Listening, then, would not consist of incorporating a vibration
into your body, but of coupling your corporeality to theirs. Modifying
its form and allowing yours to modify you. By listening in this way,
your body recognises the broad spectrum of sonic gradations: the roar,
the intimate whispers, the silence, the fleeting hums. All these sounds
are both the backdrop against which life unfolds and a channel through
which a sensitive knowledge is in permanent transformation flows. It is
the background noise of our existence and the space of our complicity.
The perpetual loop of sounding and listening is a relational vibration
from which we cannot escape: one vibrates to be heard, and listens to
amplify its vibrations. In this continuously forming loop, the changes
in register are the crossroads of our lives. The resonance of our
actions and words on other bodies and lives undoes or consolidates the
form that this joint vibration adopts.
If all sound is suspension,
if the bass thickens the bodies,
if by whispering the species is reproduced,
if the echo of the past is a threat,
if the thunder does not cease,
if the water freezes when silent,
if the keys are greased,
if the skin becomes thin and sharp,
if all the currents overflow the eardrum,
if what does not returns is silent,
if the body vibrates with cold,
if the voice is a condition in the world,
if the mouth is dry,
if what we hear turns and leaves,
if the fog accelerates the message,
if at the bottom there is the murmur of water,
if you lose your voice,
if you confuse the diaphragm and the womb,
if dust accumulates on the piano,
if gravity expands,
if everything starts moving again.

If all of these sonic declensions are possible variants of a vibrating body, what appears before us is a continuously unfolding path, a
rhythmic transit that passes through different intensities. This is the

place from which Nuno da Luz's practice departs. A crossroads between space and time that recognises the political potential of resonance. His work takes space from an expansive approach. Not through his desire to fill the void, rather because of how he draws concentric circles that pass through bodies via continuity. By arranging and activating vibrating bodies, Nuno uses sound to approach, observe and study the world. If we consider the specific ways in which this vibration passes through us all, its inseparability reveals the psychic, material, spiritual, political and social dimensions in which our existence moves. By linking ecosystems and bodies through their material specificity, resonance begins to teach us what the world is without the appearance of language.

His approach to the sonic realm reflects a desire to get closer – physically, emotionally, affectively and spiritually – to others, and to dilute this experience into a form of collective subjectivity. His practice is less interested in "making sound" and more in a kind of "holistic reverberation". A kind of score between species, social forms, identities and technologies that stimulate a kind of blurred way of being in the world. Reviewing my relationship with his work over the last decade, I came across some images that I hadn't looked at in years. In one of them, Nuno appears in the middle of the auditorium at Centro Botín, among a throng of people, with a watery-mountainous body in the background beneath a fading light. Almost a decade after that moment, at a time when neoliberal extractivism, the dispersion of attention and the touristification of life are intensifying, this image is a reminder of the deepest commitment: the reverberation of experience through time as a metaphor for the blurred, volatile, unattainable form that we must keep pursuing. The collapse of our social systems in the space-time we live in, and our idea of the linearity of life, show us an increasingly violent common landscape. But what would happen if we allowed these sound vibrations to divert us from this pre-marked route? What possibilities arise when we are willing to travel like the concentric waves rippling across the surface of water when a stone is thrown? Travelling through nothingness towards nothingness, from the total crossing of borders to the absence of limits between bodies. The air and the skin as an embodied acoustic continuum.

A junction, a detour, is in our mind another path towards an unexpected direction. But through sound, this would be a detour in all directions, and this is the moving effect that, when I look at that image, Nuno's work awakens in me: a sonic rebellion against the constant directionality imposed on us.
In his continuous desire to listen and to sound simultaneously, Nuno displays his desire to create an energetic exchange, borrowing the whispers of the world, even if only for a few seconds, to give something back. A loop of masts converted into waves, converted into kisses, converted into algae, converted into an engine that roars in the night. Talking about what this experience produces is difficult because it is something that cannot be transmitted through language, not even through the perception that a single human being can experience. It is something that goes beyond the individual subject and operates on a larger scale. That is why the decentralisation of sound that Nuno achieves in this exhibition, through the invitation of other musicians and collaborators,

is an integral part of his conception of life and art. Together, they turn sound into something more than just a beautiful vibration, revealing how our individualised sociability can be diluted into a deeper commitment. Unfettered by social conventions, the sonic realm moves us while rejecting the constant pressure to be legible and the dominance of the containment that continues to be imposed by the artistic-academic-industrial complex. By continually regenerating an insurgent sonority of our lived experience through social interactions, Nuno and the musicians involved in this project allow us to feel possible routes towards otherwise unimaginable dimensions. By listening to and inhabiting sound, we understand that a tone or chord that we appreciate always moves with, within and through us; it never freezes time or space, instead making us part of them. There is no subjective separation between a vibrating instrument and its equally individualised vibrating performers. So what if, through this continuous and always incomplete sociability, we could feel this formless form as a density that is formed but never completes us? Can we blur and undo the ontological solidity that locks us into separate bodies and promises us total access, to return to a form of encounter that truly traverses us? Can we do all this from a sense of home without a home? Is there room for a perpetual displacement of property that arises from the continuous interaction between vibrating bodies, of shared spaces that never belong to anyone, that we can only use so that we can constantly dissolve?

Returning to Nuno's photography, I can still perceive the frequency that continues travelling to this exhibition. And both moments are too wild, too strange, too ungovernable to simply join the ontological structures and conditions that surround them. Both formless, both incomplete. The sonority of Nuno's work always encourages us to think that its waves continue to vibrate in a 'beyond', there is always a 'more than' that fosters the transmission of social diversity, of inseparability, of implication. The simple fact that his practice traverses the axes of time and space from reciprocity reinforces the blurring between the material reality of the present and the possibility of future vanishing points. But these futures will always be inaudible, because they vibrate from their incomplete nature, from the abolition of the self, from the irreducible and immense nebula of making each other. Together. Now. All we hear is our shared dissolution.

*Written with and through Italo Calvino, Hypatia Vourloumis, Zun Lee, Stefan Helmreich, Stefano Harney, Andrea Rodrigo, Sandra Ruiz, Nuno da Luz, Armin Lorenz Gerold, Agnes Pe, Dionne Brand and Andrew Yong Hoon Lee.

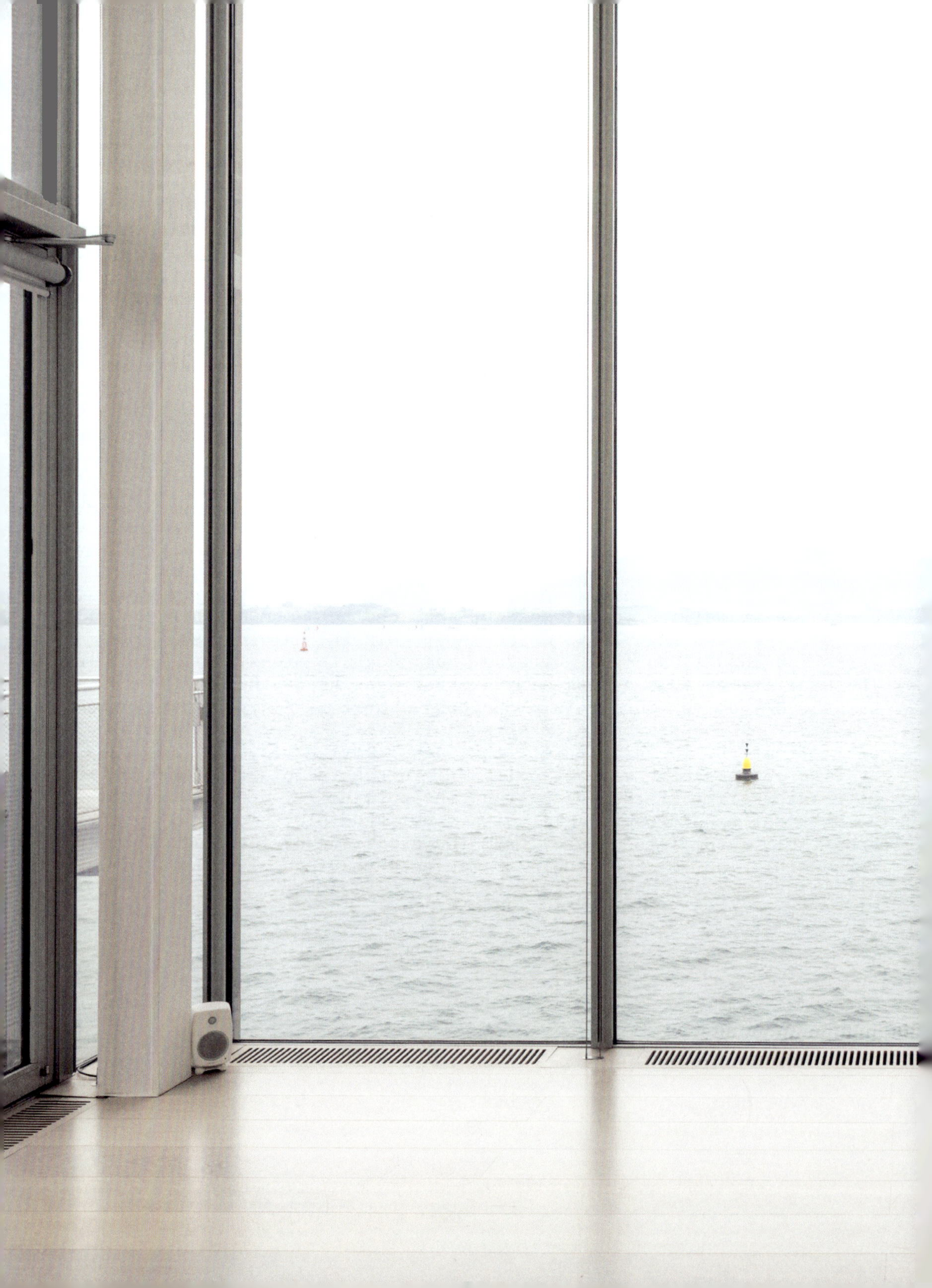

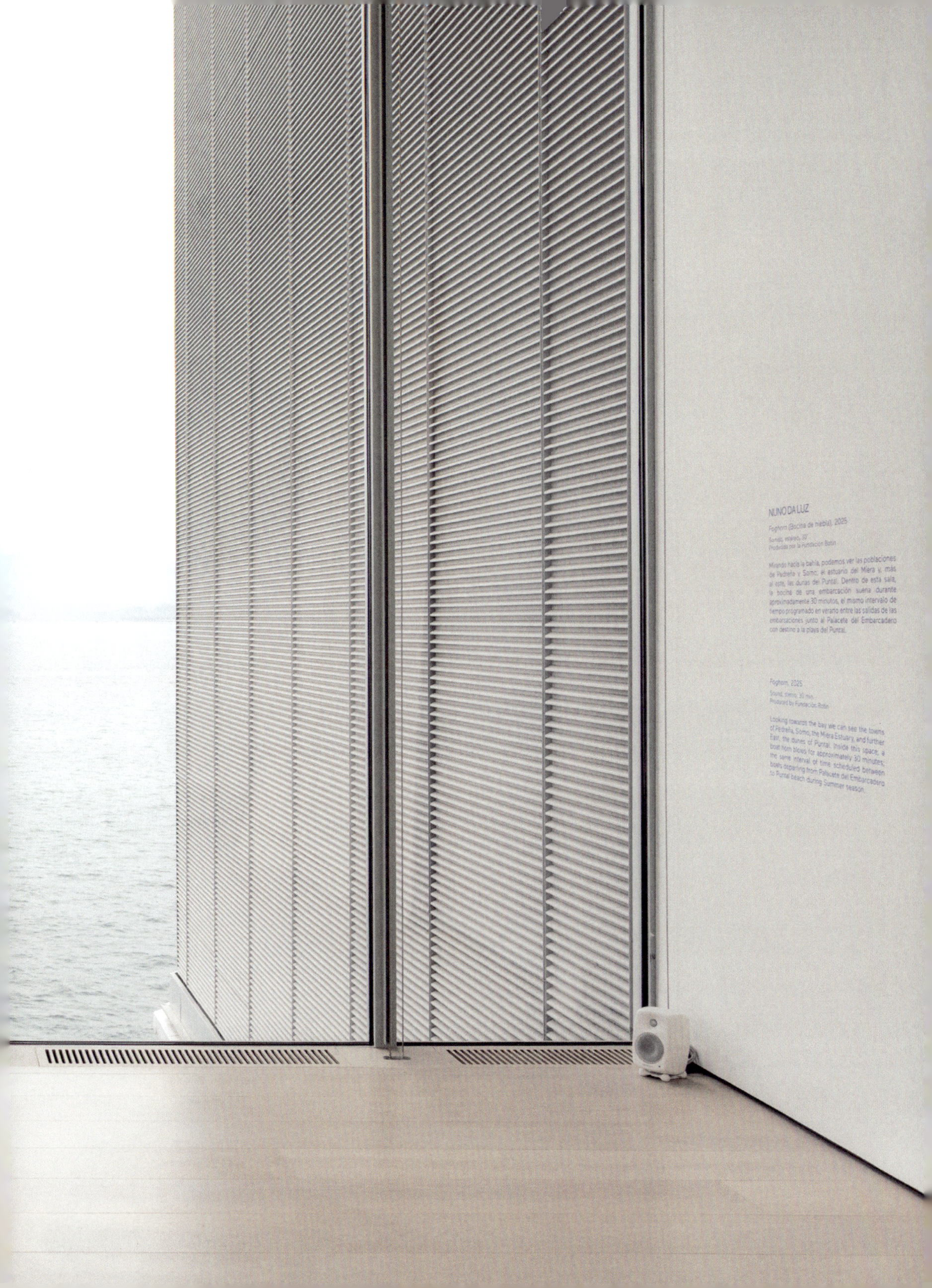

NUNO DA LUZ

Foghorn (Bocina de niebla), 2025

Sonido, estéreo, 30'
Producida por la Fundación Botín

Mirando hacia la bahía, podemos ver las poblaciones de Pedreña y Somo; el estuario del Miera y, más al este, las dunas del Puntal. Dentro de esta sala, la bocina de una embarcación suena durante aproximadamente 30 minutos, el mismo intervalo de tiempo programado en verano entre las salidas de las embarcaciones junto al Palacete del Embarcadero con destino a la playa del Puntal.

Foghorn, 2025

Sound, stereo, 30 min.
Produced by Fundación Botín

Looking towards the bay we can see the towns of Pedreña, Somo, the Miera Estuary, and further East, the dunes of Puntal. Inside this space, a boat horn blows for approximately 30 minutes; the same interval of time scheduled between boats departing from Palacete del Embarcadero to Puntal beach during Summer season.

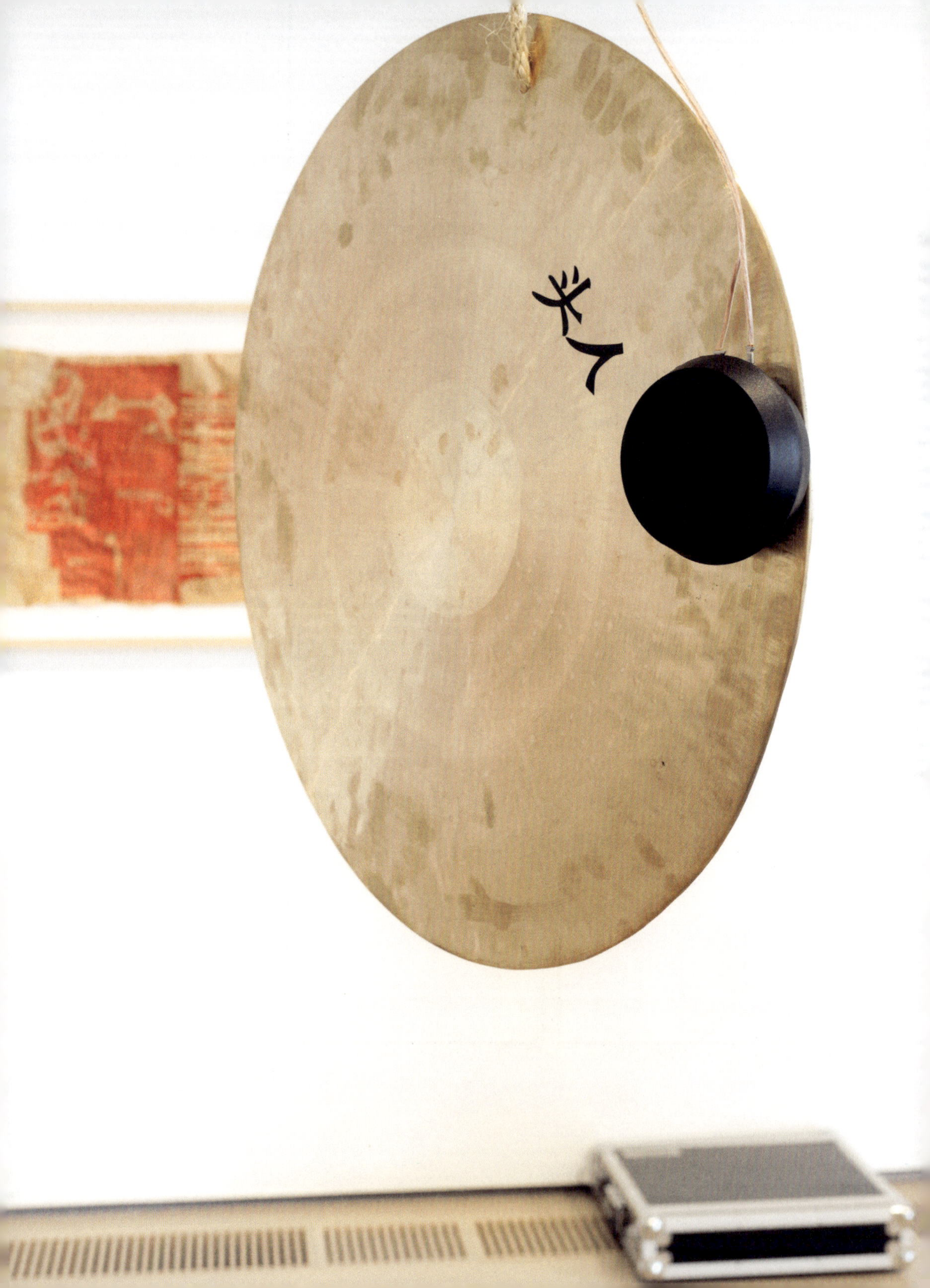

DE ENREDOS A RESONANCIAS
Nuno da Luz en conversación con Bárbara Rodríguez Muñoz

1.

BRM Escribo estas palabras mientras escucho el sonido rítmico de las olas rompiendo y los cantos, silbidos y gemidos de las ballenas en tu programa *Música de Campo: Radio Océano* en la emisora Radio Relativa. ¿Podrías hablarme más de la grabación de campo como medio artístico y de investigación, y de lo que tú llamas *echo*-logía? Me interesa el vínculo neurológico entre las ondas sonoras y los efectos emocionales, que hace de la grabación de campo un conducto para crear una relación más profunda y empática con nuestro entorno natural. Creo que las ondas sonoras incorporan el entorno al propio cuerpo.

NDL Aunque la escucha no sea más que uno de los muchos sentidos —una de nuestras muchas puertas de percepción—, me parece intrínsecamente ambiental, y tiene que ver con lo que acabas de decir. Las ondas sonoras conectan el entorno con el propio cuerpo, ya que la escucha conlleva una implicación muy física con el medio en el que nos encontramos: al hablar de la audición a través de los oídos, nuestros tímpanos —básicamente membranas muy finas y tensas, como las de un tambor— son golpeados repetidamente por el aire que se pone en movimiento por presiones sónicas específicas, desde las muy diminutas hasta las muy fuertes.

El antropólogo Tim Ingold habla de la escucha como del cuerpo que ha sido *venteado*: «arrastrado por las corrientes del medio»[1]. Incluso las formas auditivas de escucha divergentes comportan una ineludible implicación corporal con la fisicalidad del sonido, especialmente de las ondas largas. Una onda sonora de 200 Hz (200 ciclos por segundo), viajando a 343 m/s a través del aire a 21 ºC, medirá aproximadamente unos 1.715 m, una escala cercana a la de un ser humano adulto. Por debajo, las ondas son considerablemente mayores, lo que significa que no se perciben tanto a través del oído, sino que todo el cuerpo las siente al resonar con ese estímulo. Por lo tanto, el vínculo neurológico que mencionas, aunque intrínseco a la experiencia auditiva, es un fragmento de un todo mucho mayor que, en mi opinión, es responsable del afecto emocional y los efectos que nos conectan con nuestro entorno natural por un lado, pero también con múltiples formas de expresión sonora como la música.

La serie radiofónica *Música de campo* comenzó en broma:
recopilar el mayor número posible de canciones en las que los
sonidos ambientales y las grabaciones de campo desempeña-
ran un papel tan esencial como la propia música, en lugar de
quedar relegados, como ocurre con demasiada frecuencia,
a la categoría de ruido de fondo. Pero aunque considero que
Musica de campo y la *echo*-logía hacen esencialmente dos
cosas muy diferentes, la primera opera una especie de inge-
niería inversa de la segunda, infiriendo la naturaleza sonosfé-
rica de nuestro ser-en-el-mundo a partir de una forma de
escucha muy diferente: el formato playlist/mixtape. La *h* aña-
dida en *echo*-logía postula que la ecología no deriva del cog-
nado griego οἶκος (*oîkos*, que significa 'casa'), sino de
ἠχή (*ēkhḗ*, que significa 'sonido'): que no es tanto pensar el
sonido en el mundo, sino pensar el mundo a través del sonido.
O en palabras del filósofo del sonido Roberto Barbanti: «No se
trata simplemente de prestar atención al papel de los fenómenos sonoros en la dinámica de la sociedad, sino de comprender que todo el universo está en movimiento y vibra, que otras
especies también tiemblan y se comunican, que esta relación
concierne a la multiplicidad de terrícolas y a sus modos de
existencia... Escuchar el mundo nos ha enseñado que no podemos comprendernos a nosotros mismos si no tenemos en
cuenta nuestro propio devenir junto al de los demás seres que
lo pueblan»[2].

2.

BRM Para la exposición en el Centro Botín, estás creando una serie de unidades
de reverberación: membranas metálicas que convierten cualquier sonido que
reciben en una vibración física. Hablemos de la fuente de tus grabaciones en tiempo
real y los datos ambientales que transmitirán estas membranas —un encuentro
entre el sonido ambiente y las condiciones meteorológicas del exterior del espacio y las improvisaciones libres del panorama de música experimental portuguesa—, y de cómo imaginas que estas resonancias ocuparán el espacio durante
los cinco meses de la exposición, convirtiendo la galería en un cuerpo acústico,
reverberante.

NDL Las placas y los instrumentos metálicos forman parte de mi
trabajo desde hace mucho tiempo. He utilizado láminas de cobre,
platillos de latón, gongs de bronce y mantas isotérmicas
metalizadas por su extraordinaria capacidad de resonancia.
Hay un fuerte aspecto dinámico en su solidez y resistencia,
bellamente expresado por la escritora Jane Bennett en su libro
Vibrant Matter: A Political Ecology of Things, que conjura lo
que Deleuze y Guattari denominan *nomadismo* de la materia:
«el metal se conduce (se abre paso) a través de una serie de
autotransformaciones, en lo que no es un movimiento secuencial

de un punto fijo a otro, sino una acrobacia de variaciones continuas con fronteras difusas»[3]. En estado sólido, los átomos de las aleaciones metálicas están dispuestos tan juntos que cualquier energía o presión aplicada desde el exterior se propaga rápidamente por todo el material y, una vez superadas la resistencia y la amortiguación, los átomos no tienen más remedio que flexionarse. Esta infraestructura es, por tanto, altamente resonante, ya que los átomos no pueden sino vibrar por simpatía. Esta proximidad también hace que la energía se acumule rápidamente cuando se excita de forma continua, lo que provoca una fuerte disipación en cascadas no lineales o caóticas de ruido inarmónico. Piensa en cuando se toca un platillo de batería. No es casualidad que algunos se llamen *platillos crash* o *platillos splash*.

Estas capacidades físicas condujeron al desarrollo de las unidades de reverberación, más conocidas como *reverberaciones de placas*, en la década de 1950. Las grandes placas metálicas de acero, de menos de un milímetro de grosor, podían hacerse resonar mediante un excitador (la parte metálica de un altavoz, formada por un imán y una bobina metálica que oscilan al recibir una señal eléctrica; las diferencias en la señal modifican la distancia relativa entre la bobina y el imán, emitiendo así esta diferencia en forma de ondas sonoras). Eran increíblemente más pequeñas que las cámaras de eco (habitaciones construidas y amuebladas con distintos materiales para añadir tiempo de reverberación a las grabaciones en estudio), que habían sido el estándar de la industria hasta la década de 1940, y podían añadir entre 5 y 7 segundos de tiempo de reverberación a cualquier sonido que recibieran. Sin embargo, con sus 250 kg de peso y sus 2 m de largo por 1 m de altura, resultaban demasiado engorrosas y difíciles de usar, por lo que la miniaturización que permitieron los microchips y las unidades de efectos digitales dejó obsoletas las reverberaciones de placas a principios de los años ochenta.

La idea de recrear reverberaciones de placas y convertirlas en los escenarios de una serie de actuaciones de distintos músicos, acompañadas por el sonido ambiente real que hay justo fuera de la galería del Centro Botín, surgió, de hecho, del propio título de la exposición: *Enredos*. Mientras pensaba en cómo reunir lo atmosférico, lo ambiental y lo efímero en diálogo con el edificio y la exposición, me acordé de una entrevista realizada a la música Margarida Garcia sobre su álbum en solitario *The Leaden Echo*, 2013, que consiste exclusivamente en un contrabajo eléctrico grabado en un magnetófono de cuatro pistas. Garcia explica que «con el siseo de fondo, que fue algo accidental, me daba a mí y al disco un marco exterior, una habitación con una ventana al exterior»[4]. Aunque lo he llevado a su conclusión literal y lógica al incluir una señal de audio en directo del ambiente circundante para desviar la reverberación de placas de su uso original: ya no simulando una cámara de eco, sino sustituyendo las bisagras que faltan en las ventanas del Centro Botín, permitiendo una especie de apertura al exterior. Inspirándome en los enredos que están en el origen del álbum de Garcia —en los que músico, instrumento, música, ruido de superficie, tecnología de grabación y el entorno circundante están inextricablemente entrelazados—, quise multiplicar el número de enredos posibles, de ahí que invitara a otros músicos además de Garcia. Pero manteniendo y permitiendo ciertos grados de autonomía: cada músico tocando en una fecha diferente, a razón de una actuación al mes durante cinco meses, en una serie de relevos; todos con una amplia práctica en improvisación y explorando técnicas instrumentales expandidas.

Empezamos con un solo de saxofón de Pedro Alves Sousa a finales de primavera; que se convierte en dúo con una colaboración entre Inês Tartaruga Água y Xavier Paes; luego, en trío, con João Pais Filipe a la percusión metálica; más tarde, en cuarteto con Angélica Salvi al arpa; y, por último, termina como quinteto a principios de otoño con Margarida Garcia al contrabajo eléctrico. O más exactamente, termina como un decteto o un quinteto doble, ya que la contribución de cada músico estará marcada por el tiempo real del ambiente exterior alrededor del Centro Botín, tal y como transcurrió durante la actuación. Por eso el título *Collected Airs* (Aires recogidos), un término que tomé prestado del título del álbum *As Roses Bow: Collected Airs 1992-2002*, del guitarrista estadounidense Loren Connors —un aire o *ayre* es una canción corta, en miniatura, para una voz solista o un instrumento con una fuerte inclinación lírica—.

La galería se convierte así en este cuerpo acústico reverberante, no una sino dos veces: una, cuando la interpretación de cada músico se introduce en cada placa, junto con su respectivo ambiente externo; y una segunda vez, cuando se reproduce a través de la placa en el espacio. Se trata de una reiteración que refuerza las frecuencias de resonancia naturales de la galería y hace que todo el edificio vibre por simpatía. Esto me recuerda algo que pensé inmediatamente cuando me hablaste por primera vez del concepto de *Enredos*: de haber sido por mí, fácilmente habría llamado al ciclo de exposiciones *Resonancias*, ya que así es como entiendo las relaciones entre las obras de la colección y las mías propias. Y por inferencia, las relaciones entre las placas y los músicos, entre los músicos y el entorno, entre el entorno y el edificio, entre el edificio y las obras de los otros artistas, *ad infinitum*.

BRM Junto con la grabación de campo, la creación musical colectiva y la improvisación son el núcleo de tu práctica artística. Me interesa tu concepción emancipadora de la improvisación libre como forma alternativa de creación comunitaria.

NDL De algún modo, llegué a considerar ambas prácticas como las dos caras de una misma moneda. Según esta metáfora, siempre serían opuestas: aunque paradójicamente no concomitantes, una no existiría sin la otra. Esto es parcialmente cierto, ya que la grabación de campo implica grabar un momento específico en el tiempo, cristalizándolo para siempre de acuerdo con sus puntos de entrada y salida (y dejando todo lo demás que vino antes o después sin registrar). La improvisación colectiva es, al menos en principio, irrepetible, por lo que cualquier intento de grabarla carece de sentido. Así que, en cierto modo, mi práctica ha consistido en buscar salidas a este enigma: ¿cómo evitar el artificio de capturar la vida para su posterior reproducción y vaciarla así de *élan vital*? ¿O cómo infundir a la reproducción la urgencia de las decisiones, las acciones y los acontecimientos de una fracción de segundo, que se corresponden tanto con la improvisación como con los procesos dinámicos vivos y palpitantes de los que formamos parte, elementos de cualquier entorno dado y su carácter irreductible?

En cierto modo, estoy tratando de perforar *esa* moneda, ya que ambas ofrecen, al menos para mí, pistas fundamentales sobre cómo podemos sobrevivir y navegar a través de las catástrofes compuestas en curso del cambio climático, la creciente desigualdad, la destrucción del medio ambiente, la desposesión y el saqueo territorial, las divisiones raciales y de género, etc. Roberto Barbanti describe así esta tarea: «ante la evidente demostración de la catástrofe en curso, si no somos capaces de establecer modos de relación colectivos, directos, sensibles, críticos y libres, verdaderamente decididos a escuchar al otro... estaremos perdidos»; ofreciendo solo una herramienta de respiro muy simple: «que, para asumir la corresponsabilidad sobre los bienes comunes, las producciones, los equilibrios vitales y la reconstrucción socioplanetaria que tenemos ante nosotros, necesitaremos «ser todo oídos», escuchar atentamente la complejidad de todo ello»[5]. Y eso es exactamente lo que la grabación de campo y la improvisación libre pueden enseñarnos: a «ser todo oídos», a escuchar atentamente al otro. Esto implica que lo común/comunitario no se deriva de lo idéntico, lo igual, lo uniforme o lo universal, sino de la escucha de la diferencia. Entre el yo y el otro, lo que realmente tenemos en común es la grieta de la diferencia. La improvisación libre lo agrava al reafirmar constantemente la responsabilidad inquebrantable de cada individuo frente

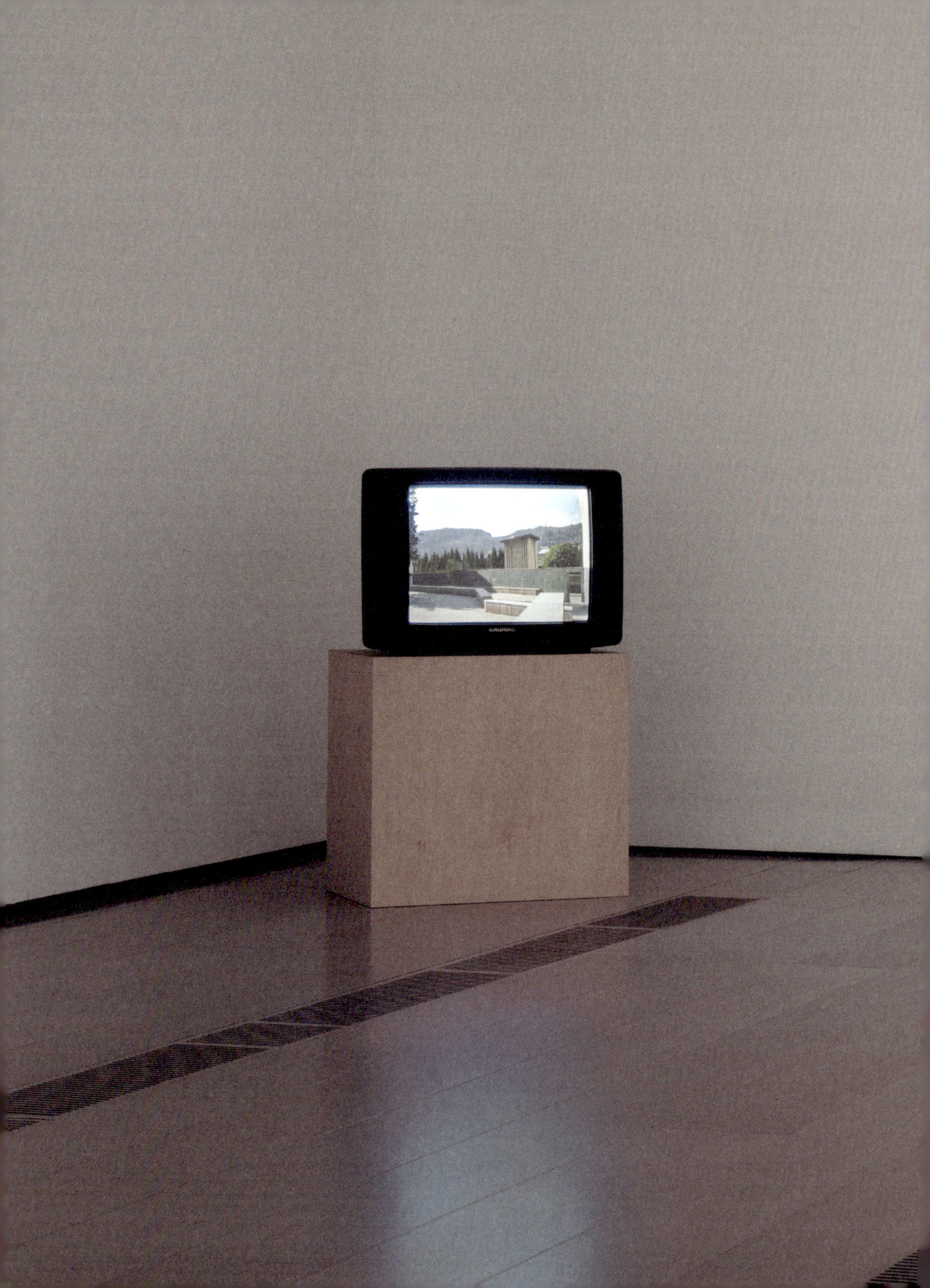

al grupo, que no se basa en el unísono (hacer exactamente lo mismo que los demás) sino en la polifonía (el compromiso de cada uno de expresarse individualmente al tiempo que improvisa colectivamente). Musical o socialmente, hablo de apuntar hacia una comunión *en* y *de* la diferencia. A partir de esta brecha, podemos organizar la posibilidad de que surja *otra* cosa, algo que cambie las esferas vibratorias de unos y otros por fricción, disonancia o resonancia simpática. Siempre polivocalidad, nunca unísono.

4.

BRM Esto nos lleva muy bien a hablar de una de las obras seleccionadas para esta segunda edición de *Enredos*: *Signals, Calls and Marches*, 2006, de Asier Mendizabal, un prolongado redoble de tambor que recuerda a la música militar. Más que una partitura, Mendizabal ofreció al batería un ensayo como propuesta de improvisación libre. Este ensayo hurga en la historia de diferentes movimientos musicales (*free jazz*, música punk) junto a la descripción del Poblado Aristrain, una barriada obrera construida en el País Vasco en los años sesenta para las familias de los trabajadores de una fábrica. Hay en el sonido y en el texto una cierta tensión, entre lo regulado (marchas militares, el trazado del *poblado*) y lo emancipador (*free jazz*, punk), que también encuentro en tu obra: es decir, el equilibrio entre la «sonificación» de datos científicos precisos con formas libres de hacer ruido.

NDL La instalación *Signals, Calls and Marches* de Asier Mendizabal se presentó en la que, hasta ahora, había sido mi única experiencia en un papel de comisario, aunque fuera colectivo. En 2009, junto con un nutrido grupo de artistas/amigos, comisariamos el programa *Estados Gerais*, en el que la obra de Mendizabal protagonizaba el primer acto: *Republic or The People's Theatre*[6]. En aquel momento, no era consciente del ensayo prescriptivo a modo de partitura que generó la pieza sonora —que ahora, más de diez años después, parece refractar la obra aún más, en un extraordinario abanico de luces—. Mendizabal ensarta el *free jazz* (especialmente la visión del saxofonista Albert Ayler sobre las marchas militares y las bandas de marcha de *jazz* de Nueva Orleans) en la deuda del punk con la estética militar, y eso es clave para entender una historia subterránea que conecta ambos lados del océano. Se hizo más evidente con bandas como The Thing, en Suecia, o Zu, en Italia, a principios de la década de 2000; a su vez, bebiendo de los proyectos de ruido extremo del saxofonista y compositor John Zorn de la década de 1990 como Naked City, Painkiller o su formación de la década de 2000 Moonchild. De los nombres de estas bandas deduzco que se puede llegar fácilmente a las tácticas de conmoción que emplean en su música. Menciono todo esto para decir que en las investigaciones de Mendizabal

sobre la estética del poder institucional y los movimientos
de resistencia a este, encuentro una poética muy clara de
la forma: la estética como inseparable de la ética, razón por la
cual la obra de Mendizabal ya nos hablaba tanto en 2009.
Yo también estaba empezando mis investigaciones sobre el
sonido como materia ecológica de estudio (sin saber aún
de ecología acústica, bioacústica y demás) y podía intuir que
había algo parecido a lo que veía en la obra de Mendizabal
como poética.

Si en aquel momento aún desconocía la sonificación[7] como
herramienta para hacer ruido, no tardé mucho en comprender las carencias de lo que prometía: traducir ciertos acontecimientos inconmensurables en forma sonora digerible, como
hacer música ambiental utilizando los estímulos eléctricos
de las plantas como indicadores; pero también, sus avances más
pronunciados: traducir datos e información en forma de
energía sensible y tangible como vibración física. En ese sentido,
lo que llamas «datos científicos precisos» tiene una complicada historia con el concepto de ruido: la mayoría de los conjuntos de datos descartan el ruido para poder percibir mejor
las pautas y las tendencias —el ruido es cualquier dato demasiado discrepante en relación con la media de las observaciones o los cálculos—. Si supera determinados umbrales, constituye ruido, ya que su cálculo obligaría al conjunto de datos
a desviarse. Precisamente, a mí me interesa esa divergencia,
devolver el ruido a la muestra. No como una forma de confundir o contradecir las conclusiones, sino de acuerdo con la
naturaleza de la vibración: gorjeante, agitada, temblorosa,
oscilante, vacilante, incierta; como la mayoría de las formas
de música libre; como el tiempo meteorológico.

5.

BRM He estado reflexionando sobre tu hermoso encuentro con Javier Arce en su
estudio en un valle de Cantabria. Formalmente, su obra es muy diferente, pero
hay en sus cuadros un proceso de «registro» o sintonía con el entorno, con un
tiempo concreto, con una sensibilidad exacerbada y encarnada hacia el clima,
la luz y los seres que lo habitan, que me lleva a su planteamiento ecofilosófico:
las imágenes, como los sonidos, pueden perdurar y seguir resonando a través
del tiempo y el espacio.

NDL No conocía la obra de Javier Arce antes de que empezáramos
a trabajar en *Enredos II*. Así que estoy profundamente agradecido por la introducción a su obra, la persona y el territorio.
Ahora me resulta imposible mirar sus cuadros sin transportarme a las colinas que rodean la casa, el estudio y el jardín
de Javier Arce y Belén Rodríguez. En ese sentido, los cuadros
funcionan de varias formas como registros de ese lugar

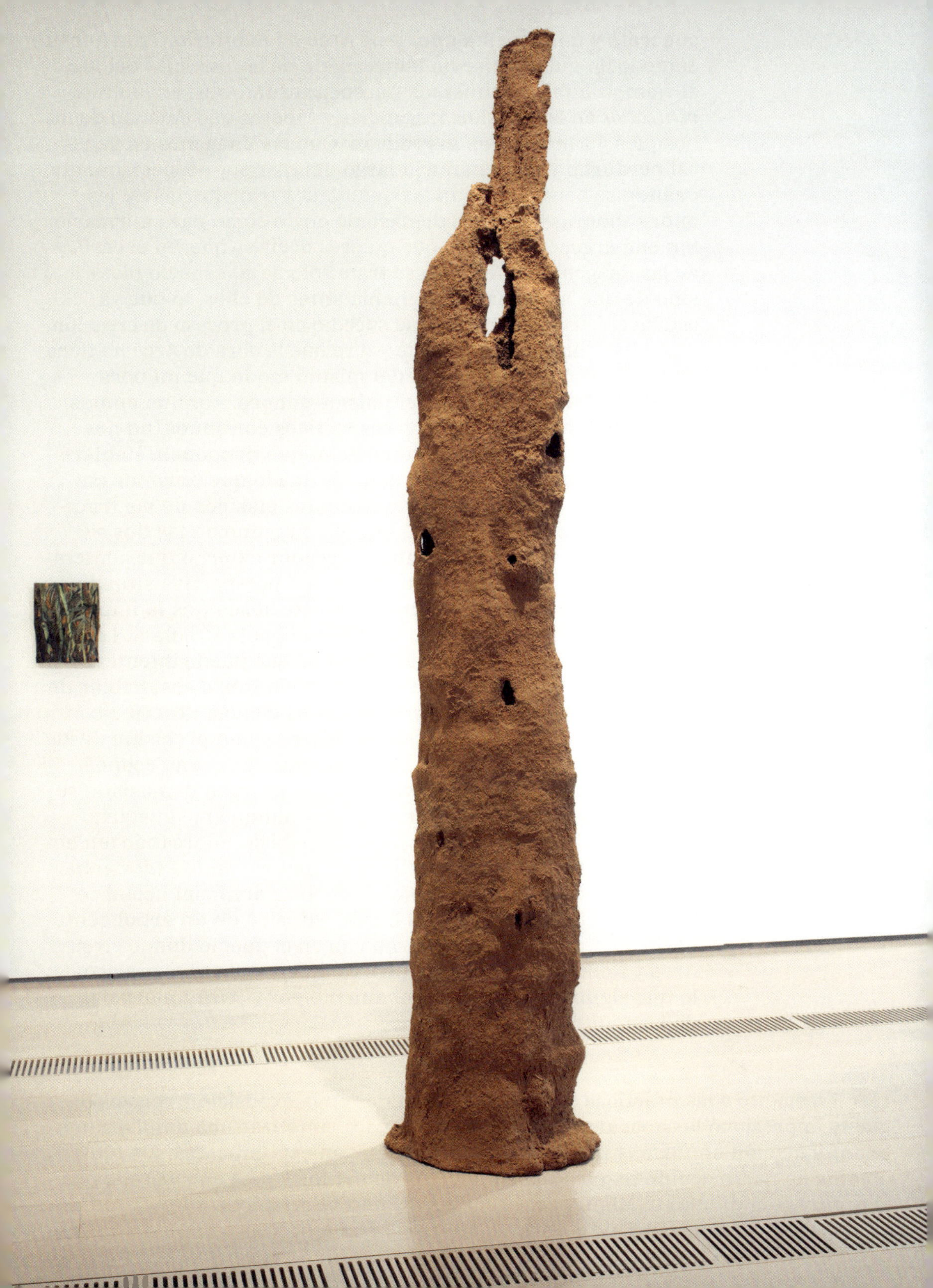

concreto y de la forma que tiene Arce de habitarlo. Transpiran el modo en que Arce se ha impregnado de las esencias del lugar, al tiempo que ellos mismos parecen infundidos, envueltos, *venteados* en las mismas fragancias y vapores que emanan de los bosques y campos que los rodean. Que las imágenes en general perduran y resuenan a lo largo del tiempo —especialmente cuando se comparan con las cualidades transitorias de las ondas sonoras— parece demasiado obvio como para afirmarlo. Sin embargo, creo que lo que quieres decir es que, en el caso de las imágenes de Arce, no se trata solo de su aspecto pictórico, sino de que integran lo que había antes de ellas, lo que ya estaba allí, y transpiran lo que sucedió en el proceso de creación.

Daré un salto de gigante y diré que la obra de Arce no tiene nada que ver con el paisaje, del mismo modo que mi obra no tiene nada que ver con el paisaje sonoro. Aunque ambos somos deudores de nuestros respectivos continuos, no nos interesa la conformación superficial que proponen. Hablaré también en nombre de Arce al decir que lo que tenemos en común —en oposición a los postulados clásicos de las tradiciones que nos precedieron— es que ninguno de los dos se entiende a sí mismo como un observador externo que contempla el mundo desde un punto de vista o perspectiva situado como fuera del marco. En lugar de eso, buscamos la implicación en el mundo, en el sentido del que habla Ursula K. Le Guin: «La poesía es el lenguaje humano que puede intentar decir lo que un árbol o una roca o un río *son*, o sea, hablar de manera humana *por* y *para* ellos. [...] La ciencia describe con precisión desde afuera; la poesía describe con precisión desde adentro. La ciencia explica, la poesía implica»[8]. Una ecopoética, si se quiere. Tal vez *cuadro* sea un término demasiado reductor para describir la obra de Arce, aunque me gustaría mantener el término *imagen* para describirla. Sobre todo teniendo en cuenta el molde de árbol que aparece en *Enredos*: ¡una imagen de un árbol! Una «piel» o corteza artificial hecha de cola y serrín, que retrata el borde exterior de un árbol centenario que fue talado no hace mucho en el pueblo donde viven Arce y Rodríguez. No se me ocurre un ejemplo más preciso de lo que significa hablar humanamente *por* y *para* un árbol y de las multitudes que cultivó.

6.

BRM En cuanto a las prácticas escultóricas incluidas en la exposición, recuerdo que te impresionó la capacidad de Jorge Satorre para sintetizar una amplia gama de información en formas frágiles y fragmentadas: en esta muestra, los 106 objetos de barro cocido inspirados en bocetos de manos y pies encontrados en el archivo del dibujante Miguel Covarrubias. ¿Cómo se relaciona su proceso de creación de crónicas con tu obra?

NDL Cuando hablamos por primera vez con Jorge Satorre sobre cómo incluir sus obras de la colección en *Enredos II*, destacó la importancia de la interacción entre los fragmentos escultóricos y los dibujos murales que a veces los acompañan. Una dualidad que obliga a nuestra atención a ir y venir constantemente entre uno y otro. En mi opinión, Satorre trabaja en la encrucijada de dos propuestas diferentes pero complementarias de cómo hacer visible algo: que para ver mejor hay que ver menos; y al ver menos, se potencian ciertos aspectos. Por parciales o fragmentarias que sean, estas reducciones sustituyen a un todo totalmente inaccesible. No cabe duda de que está en deuda con la forma en que los dibujos animados destilan ideas mucho más complejas utilizando los mínimos medios posibles, pero también considero que la forma que tiene Satorre de moverse a través de lo figurativo se asemeja a la forma en que los patrones de muaré funcionan como herramientas de ampliación: siempre que un conjunto de objetos idénticos se observa a través de un conjunto de lentes con aproximadamente el mismo cabeceo o tamaño de hendidura, la estructura general se revela de la forma más detallada. Hablo de patrones de interferencia muaré que hacen evidentes las transformaciones que ellos mismos producen, ya sea por rotación, movimiento, escala u otras transformaciones de la forma. Y esto es análogo a la forma en que pienso sobre el trabajo con el sonido. En la mayoría de los casos, será un extracto o una muestra de un proceso ambiental mucho más amplio. Concentrarse en una interacción o efecto acústico concreto revela y magnifica todas estas otras facetas que pueden estar más allá de su mera huella acústica. En lugar de considerarlas ilusiones ópticas o psicoacústicas, las considero interferencias, irritaciones perceptivas que nos ayudan a rellenar los espacios en blanco de una imagen más amplia.

Pienso en la dispersión de objetos de arcilla de Satorre como algo obviamente cercano a la arqueología: intentar dar sentido a fragmentos y restos mediante la especulación y la hipótesis como modelos de conocimiento. En mi caso, sin embargo, un registro arqueológico es mucho más esquivo, ya que el sonido no deja huellas. ¿O sí? En el relato *The Sound Sweep* («El barrendero de sonidos»), J. G. Ballard se imagina a equipos de barrenderos de sonidos inspeccionando y explorando una ciudad sin nombre con sus *sonovacs* (es decir, aspiradoras sónicas) en busca de ecos persistentes de sonidos pasados, no sea que «las resonancias sónicas no barridas... lleguen a un punto crítico en el que literalmente empiecen a hacer temblar los edificios»[9]. Como Satorre, también aludo a lo lagunar en arqueología, pero en este caso, a la arqueoacústica: cómo los espacios resonantes se revelan a través de la reactivación.

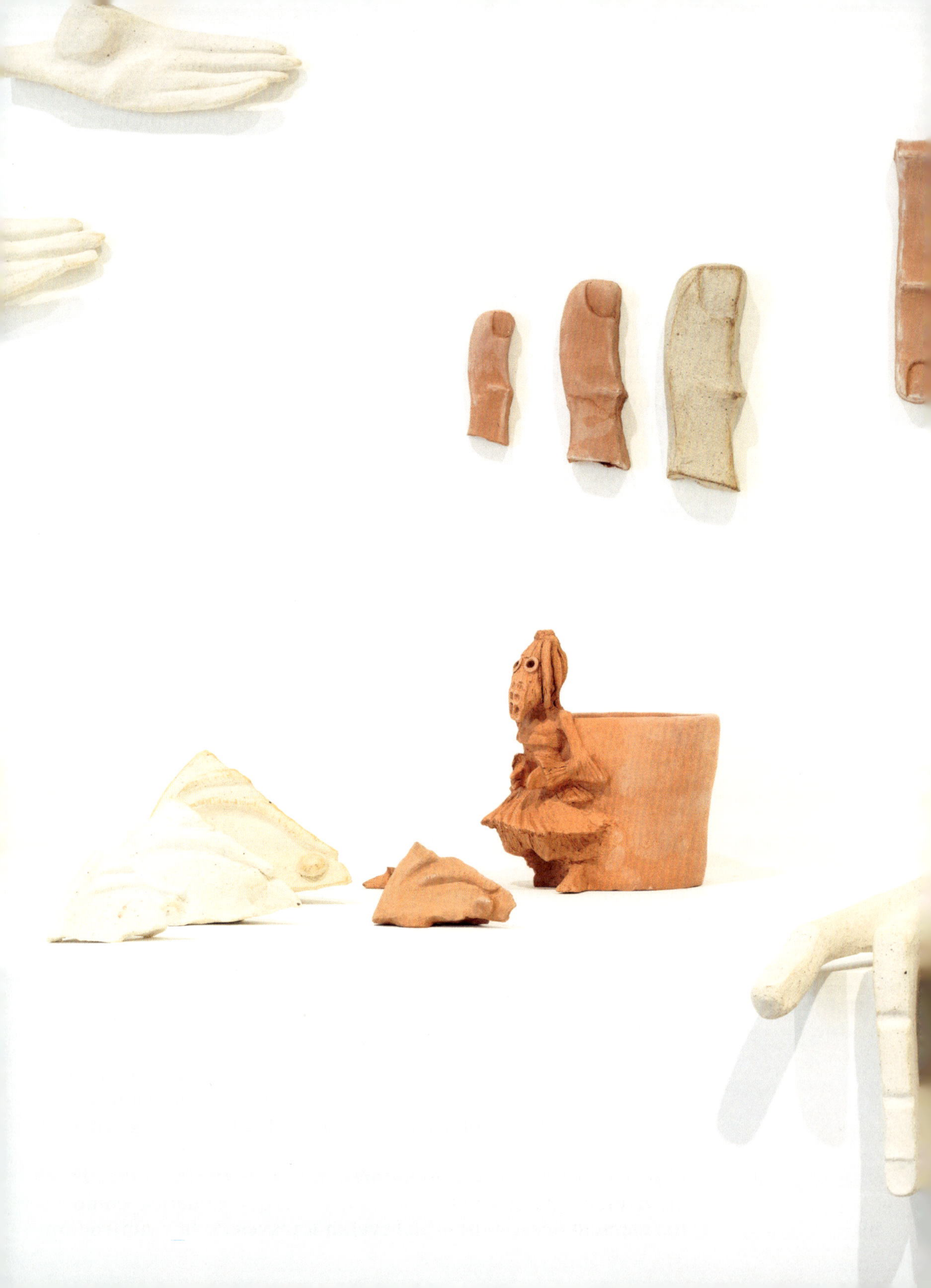

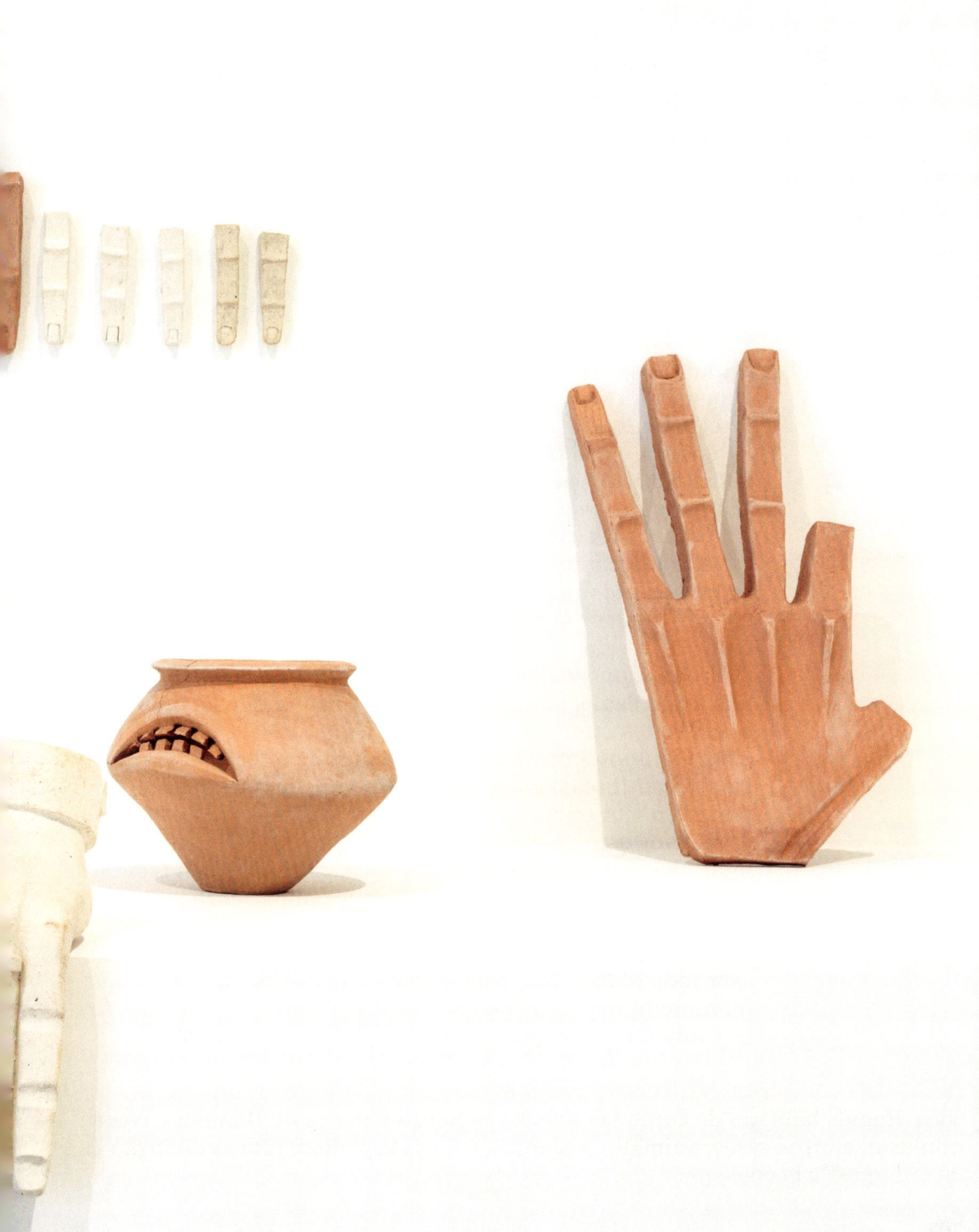

No es de extrañar que aquí, en el Centro Botín, titule una de
mis obras con el ficticio *Metropolitan Sonic Disposal Service*
(servicio metropolitano de eliminación sónica) de Ballard:
mi propio intento de sintetizar una amplia gama de información en una forma frágil y fragmentada, que se duplica
como un proceso que narra el trans-curso de la exposición.

7.

BRM También te atrajeron las «formas escultóricas» de Katinka Bock que,
como tu obra, encarnan la temporalidad y el espacio. Curiosamente, ¡la escultura
que tenemos en nuestra colección se titula *Feuilles de temperatures* (gráficos
de temperatura)!

NDL Es cierto que el título me llamó inmediatamente la atención.
Y al tratarse de finas planchas de cobre suspendidas, ¡no pude
evitar quedarme cautivado! Más tarde, Katinka Bock y tú me
guiasteis a través de las diferentes iteraciones y aplicaciones
de estas mismas planchas de cobre de su obra. Según tengo
entendido, estas planchas eran originalmente tejas de la cúpula del edificio Anzeiger Hochhaus, construido en los años
veinte en Hanover. Bock las recuperó después de que hubieran
sido desechadas durante unas obras de rehabilitación. Así
pues, estas planchas de cobre de pátina verde estuvieron
expuestas a la intemperie durante casi cien años, como elemento
arquitectónico. Es decir, mucho antes de que Bock les diera
una nueva vida, reciclándolas y remodelándolas como obras
diferentes, que viajarían a distintos lugares, desde Hanover
hasta São Paulo, pasando por París y Santander. Es uno de esos
casos en los que la realidad supera definitivamente a la fic-
ción. Por un momento alimenté la idea de intervenir en una de
las *feuilles* (hojas) colocándole un transductor. Cuando se
ponen en vibración, ¿qué historias y acontecimientos podrían
contarnos estos materiales cargados de historia sobre sus
múltiples «acrobacias de variaciones continuas con fronteras
difusas» y del mundo a lo largo de los años? Pero incluso
(aparentemente) inertes, lo hacen. Al fin y al cabo, el cobre es
uno de los metales de mayor conductividad. Solo hay que
«ser todo oídos». No se me escapa que una de las obras más
monumentales de Bock realizada con estas mismas *feuilles*
se titula *Rauschen* (que significa «ruido» en alemán).

8.

BRM Hemos hablado de cómo las máscaras paranormales de Damián Ortega
conjuran a otros seres, animales y plantas, y a sus espíritus. ¿Cómo dialogan con
tu enfoque de la ecología?

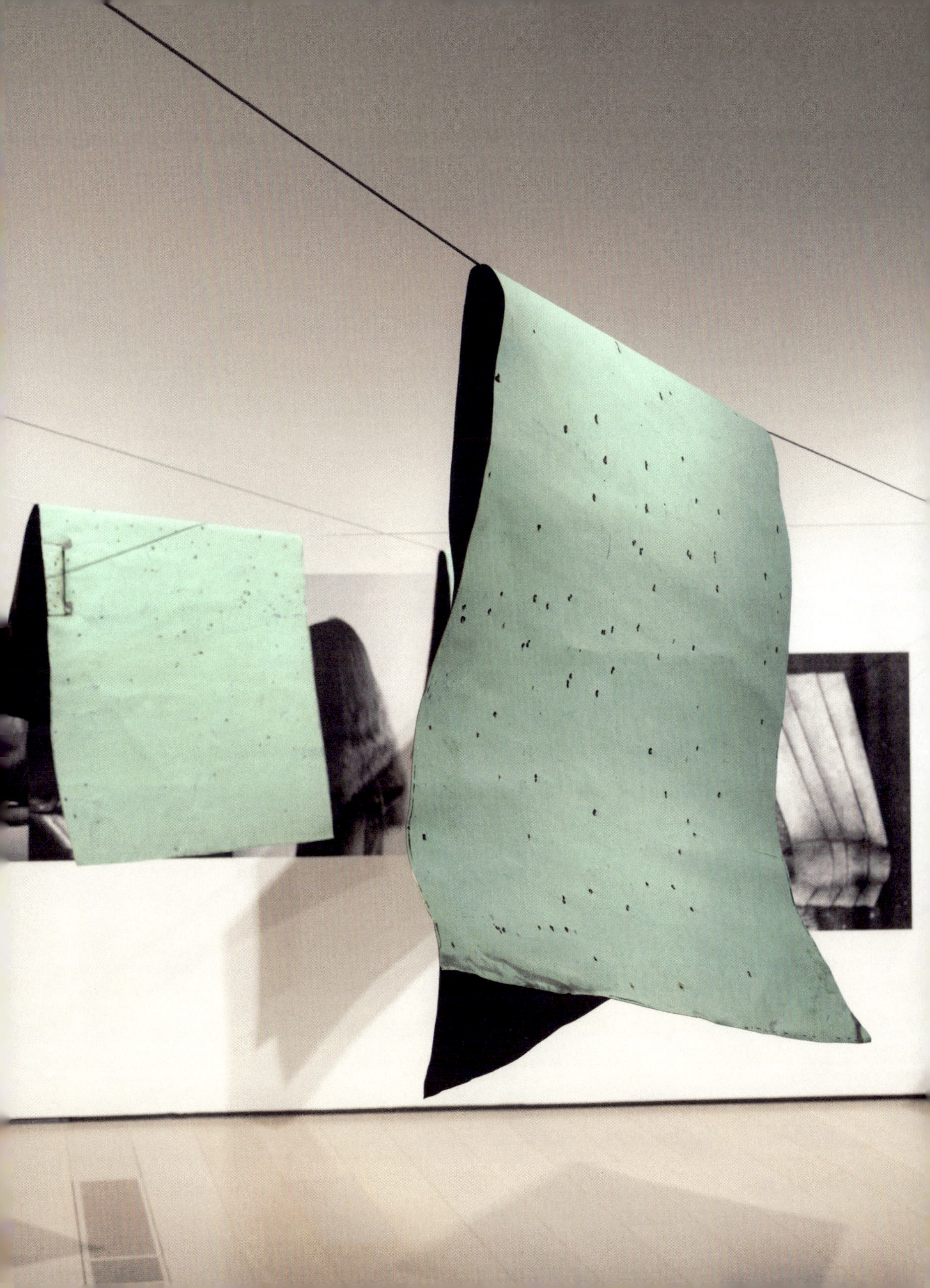

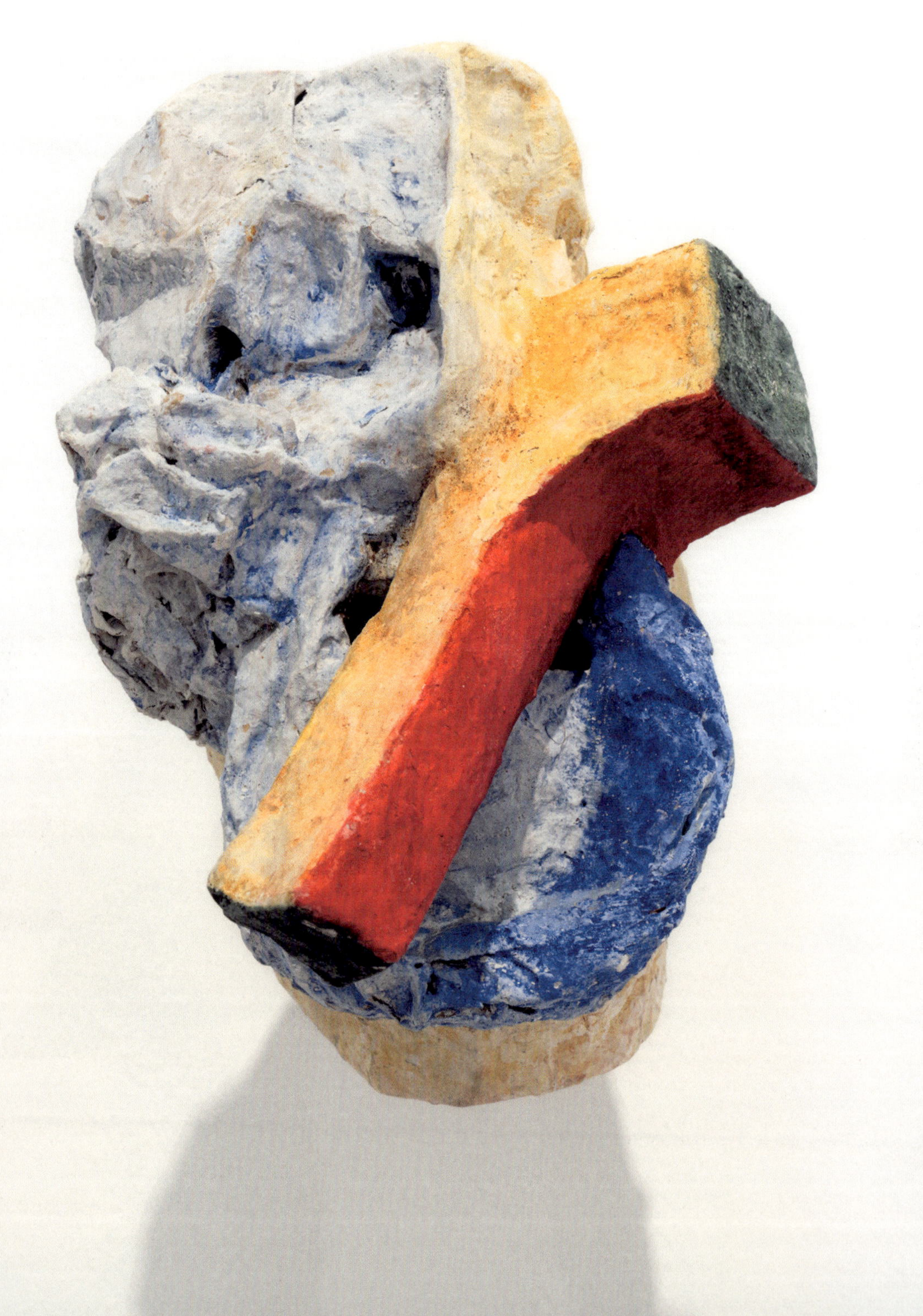

NDL Las máscaras de Damián Ortega fueron otra gran sorpresa,
teniendo en cuenta las obras por las que suele ser conocido.
Los cambios de escala, materiales y soluciones técnicas, desde
las instalaciones a gran escala hasta estos objetos pequeños,
casi personales, hablan, como has dicho antes, de las limitacio-
nes sociales, personales y materiales del confinamiento por
el covid cuando se hicieron las máscaras. Pero, en palabras de
la filósofa belga Isabelle Stengers, «las restricciones no son
límites». Y las máscaras de Ortega atestiguan exactamente eso.
No como un modo de exhibir con orgullo la resistencia mos-
trada a lo largo de ese periodo, sino sobre todo mostrando los
modos de resistencia a las restricciones de las sociedades del
capitalismo tardío, turbocargadas hasta hacerlas irreconocibles
al tiempo que determinaban quién era capaz de tomar distancia social y quién no. Y las máscaras tienen el poder de activar
un cuerpo diferente: el potencial del cambio de forma, de la
metamorfosis. El antropólogo brasileño Eduardo Viveiros de
Castro tiene una traducción muy sencilla (casi simplista)
del concepto de perspectivismo que destiló por primera vez a
partir de algo que observó repetidamente en varias ontologías
indígenas: «no es tanto que el cuerpo sea un tipo de ropa,
sino que la ropa es un tipo de cuerpo»[10]. Si nos pusiéramos las
máscaras de Ortega, me pregunto en qué seres nos converti-
ríamos. En otras palabras, percibo un potencial de experiencia
transespecífica a través del uso de máscaras que personal-
mente considero una forma de resonancia porque se basa en
la reciprocidad. Donde la «apariencia corporal variable, carac-
terística de cada especie individual... en lugar de ser un atributo
fijo, es, por el contrario, una vestimenta cambiable y de quita
y pon»[11]. Aunque no creo que los artistas sean chamanes (excepto
los que lo son), ni los chamanes, artistas (excepto los que lo
son), el arte mantiene un espacio de resistencia contra la eliminación de imaginarios que precede y sigue a las múltiples
formas de expropiación y desposesión colonial y capitalista,
medioambiental, humana y de otro tipo, de las que hemos sido
testigos durante la mayor parte de los últimos quinientos años.

9.

BRM También me pregunto cómo imaginas que lo visual y lo sonoro de la obra de
June Crespo y Maddi Barber, *Core* —los ruidos industriales de la excavación de
piedra en una mina y la mano que moldea las esculturas de cemento de Crespo—
sintonizarán con las obras y la atmósfera de la exposición.

NDL Conociendo la obra de June Crespo desde hace algunos años,
siempre me ha llamado la atención el modo en que su enfoque
de la escultura se basa tanto en la tensión material. Los objetos parecen haber sido sometidos a presiones increíbles o a

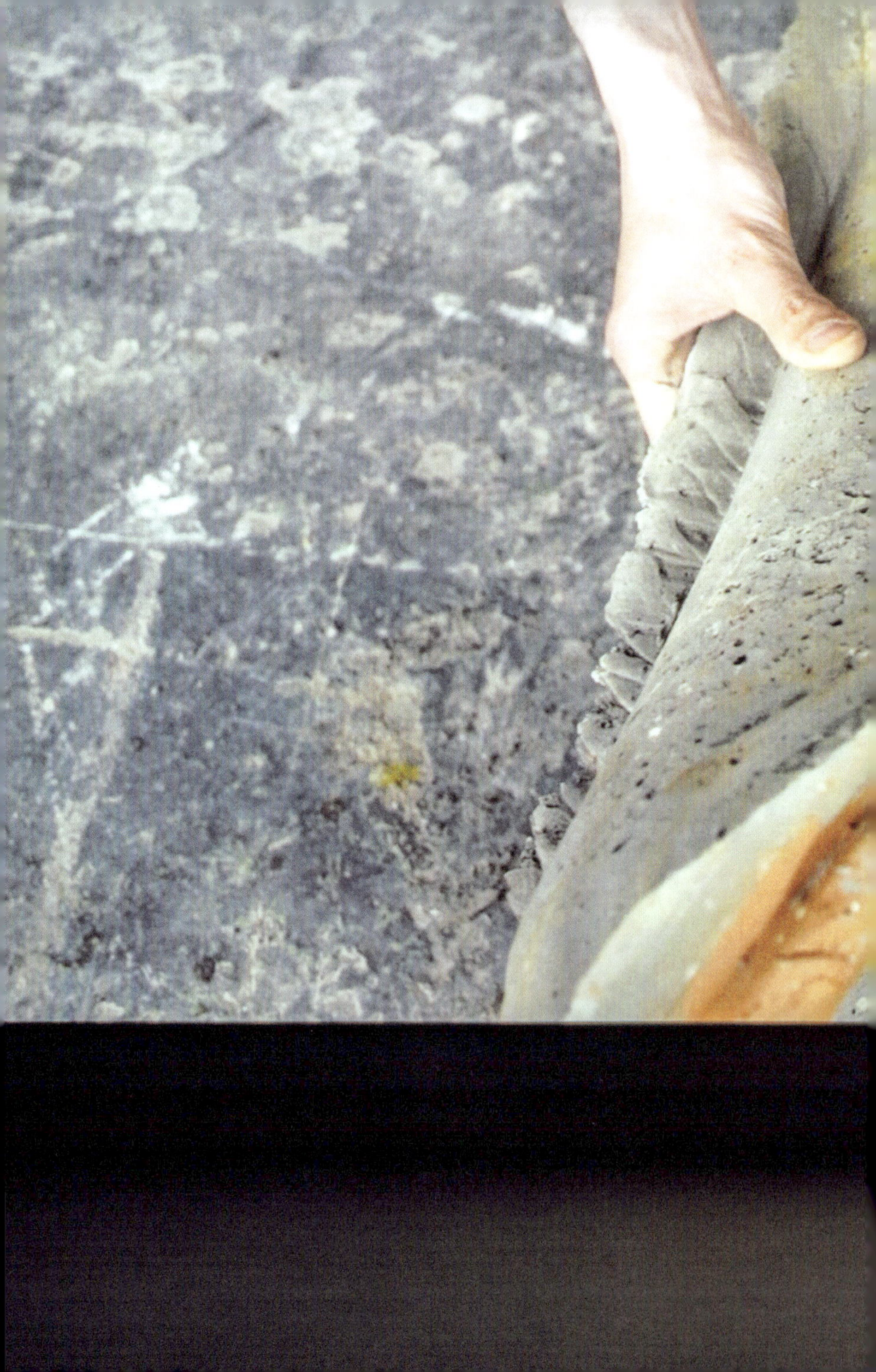

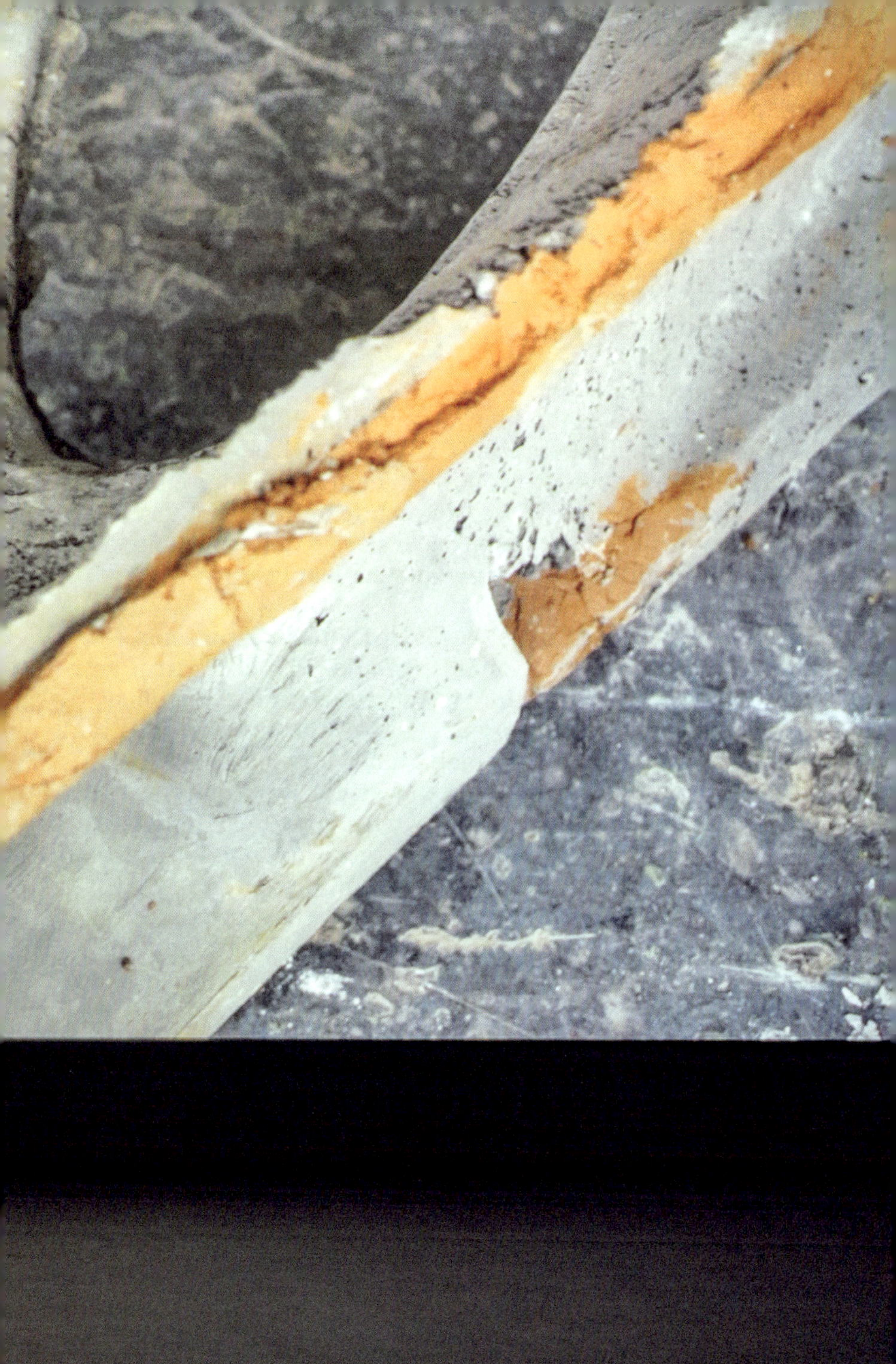

enormes tensiones. Algunos se presentan explícitamente como tales, mientras que otros parecen ser lo que quedó después del hecho. El vídeo de Crespo y Barber da fe de ello de muchas maneras, sin ser nunca descriptivo ni didáctico. Deja que los procesos «hablen» por sí mismos, sobre todo por la atención que presta a cómo hablan, a los ruidos que hacen. Me ayudó a reconocer que el trabajo de Crespo es mucho más ruidoso que el silencio habitual de las galerías y los espacios artísticos. Como procesos eminentemente físicos y transformadores que han compartido históricamente materiales y recursos similares, las conexiones entre minería y escultura distan mucho de ser nuevas. Pero creo que la temporalidad del vídeo de Crespo y Barber puede reconfigurar la escultura más allá de su cáscara estática externa, como inherentemente deudora de la terraformación, con todas sus consecuencias e implicaciones.

10.

BRM Esta tensión material que describes también es palpable en la obra *Oozing #3* de Eva Fàbregas, una colorida escultura enredada cuya piel (o membrana sensorial, por referirme a tu obra) resiste la presión producida por el aire en su interior. De este modo, la energía del aire que se ha bombeado al interior de la escultura se convierte y modula en formas orgánicas y viscerales, lo que me remite a tu trabajo con las ondas como entidades encarnadas y maleables.

NDL Conocí los hinchables de Fàbregas durante su exposición *Gut Feeling*, comisariada por Sonia Fernández Pan en CentroCentro (Madrid) en 2019. Al igual que la estructura que mencionas, evocaba inmediatamente una sensación tanto de sensualidad como de abyección. Se asemejaba tanto a un castillo hinchable para niños como al sistema digestivo vivo y palpitante del propio espacio de la exposición, vuelto del revés. Con sus altavoces o transductores «alimentando» con ondas sonoras esos intestinos globulares, no pude evitar pensar en dos cosas: en primer lugar, en el efecto físico real de determinadas longitudes de onda en nuestro cuerpo y nuestros intestinos —se sabe que las ondas de baja frecuencia provocan mareos en algunas personas— y en cómo podrían ayudar a interactuar sónicamente con los billones de bacterias que componen nuestra flora intestinal, y en segundo lugar, que a pesar de todo el potencial erótico que desata su tactilidad, los enredos de Fàbregas hablan directamente del potencial metabólico de las tripas más allá de la digestión real: la conversión de energía, algo a lo que también me dedico con entusiasmo.

Para mí, la conversión está íntimamente relacionada con otra cualidad de la energía: su capacidad para moverse a través o entre medios: la transducción. En palabras de Stefan Helmreich, antropólogo científico, «la transducción designa

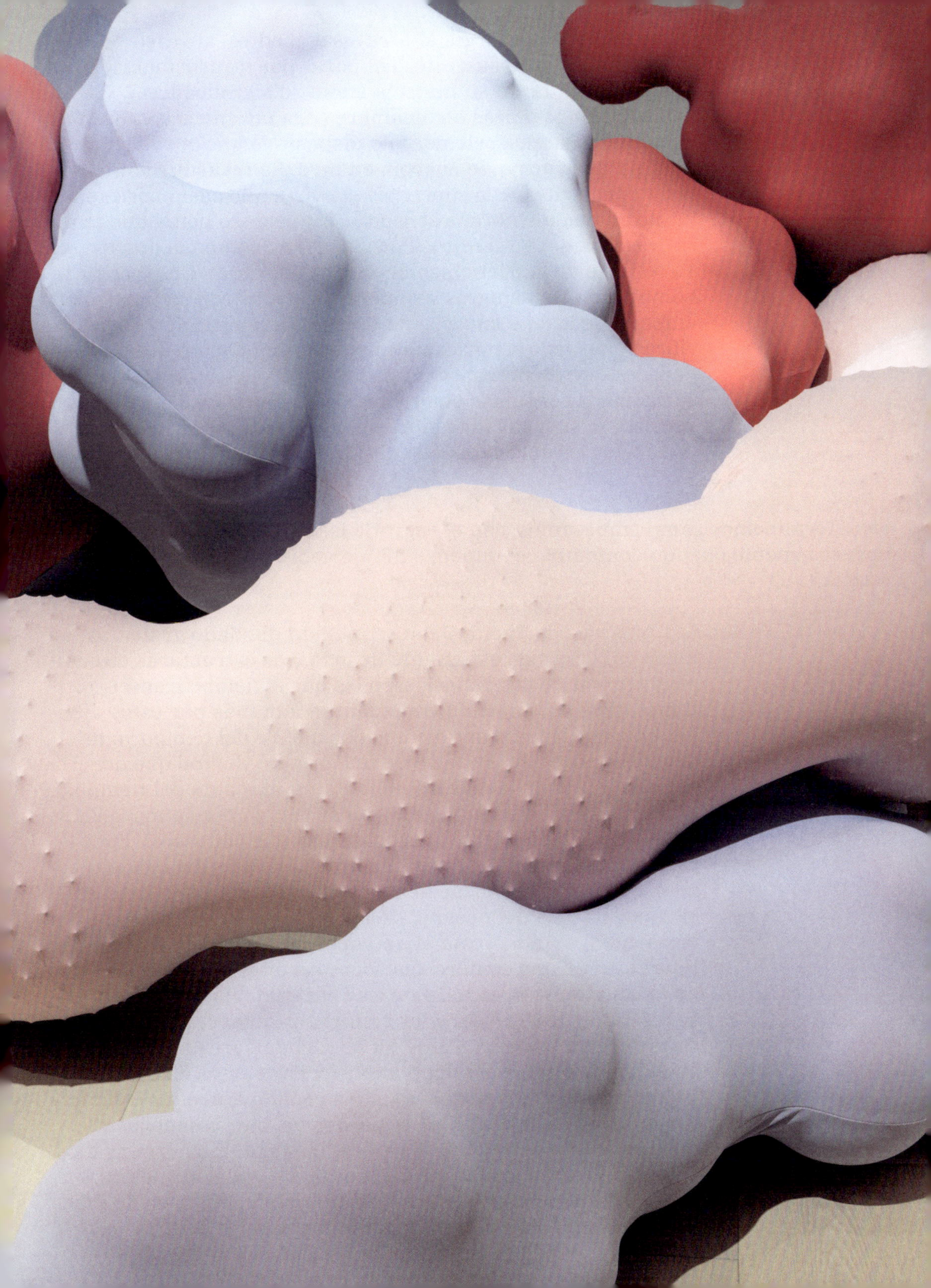

cómo cambia la energía al atravesar medios, al sufrir transformaciones en su sustrato..., al pasar por transustanciaciones
que modulan tanto su materia como su significado»[12].
Transductor es quizás otro nombre para *interfaz* o *catalizador*:
cualquier instancia, elemento o dispositivo que convierte y
modula una forma de energía en otra. La transducción elude
la conformación de la superficie convirtiendo cualquier capa
límite en una membrana sensorial. Un proceso por el que tanto
Fàbregas como yo sentimos predilección, como puedes ver.
Ya se trate de la participación de Equiknoxx en *Gut Feeling*,
bombeando las cámaras globulares infladas con su particular
enfoque de la *bass music*, o de mi propia reinyección de las
vibraciones físicas infrasónicas propias del Centro Botín en las
paredes que recorren *Enredos II*. Vuelve a la «acrobacia de
variaciones continuas con fronteras difusas» de Jane Bennett.
Veo esta misma cualidad vibracional en cada material o sustrato a través del cual puede discurrir o conducirse la energía.

11.

BRM Terminemos como empezamos, con el rugir de las olas; puedo oírlas chocar
poderosamente cuando contemplo el inmenso dibujo sobre pizarra de Tacita
Dean. ¿Y tú?

NDL Las pizarras de Tacita Dean se me han quedado grabadas
desde mi época de estudiante de arte. Las estructuras circula-
res y cíclicas de sus películas, en las que el tiempo transcurre
tanto como se suspende, se decantan aún más por estos dibujos, que según cualquier medida concebible del tiempo ya no
deberían estar ahí. El polvo de la tiza hace tiempo que debería
haberse caído de la pizarra, por la simple acción del tiempo.
Su inmensa fragilidad ruge con más fuerza que la mayoría de
las representaciones de olas oceánicas que conozco. Y llevo
varios años grabando obsesivamente el sonido del oleaje oceánico. Pero también puede hablar de la extrema dificultad de
extraer las olas del océano, de la agitación del viento y de las
corrientes. Como afirma el antropólogo científico Stefan
Helmreich en una conferencia sobre las olas, estas simplemente
no existen en sí mismas, sino que «se materializan como
acontecimientos», y para los científicos que estudian las olas,
«las olas son textos, medios que podrían leerse para saber
algo del estado futuro del planeta»[13]. Para estos científicos,
Helmreich sostiene que «las ondas oscilan entre la realidad y
la representación».[14] Son mezclas, objetos muy complejos vis-
tos desde esa perspectiva. Pero las ondas también son medios
de comunicación, ondas portadoras de una miríada de transmisiones cercanas y lejanas. Los dibujos de Dean, en su inhe-
rente y suspendida efimeridad, hablan exactamente de eso.

Solo puedo esperar que seamos todo oídos y escuchemos con atención su inquieto e incesante rugido.

1   Tim Ingold, «Against Soundscape», en Angus Carlyle (ed.), *Autumn Leaves: Sound and the Environment in Artistic Practice* (París: Double Entendre, 2007), 12.

2   Roberto Barbanti, *Les sonorités du monde: De l'écologie sonore à l'écosophie sonore* (Dijon: les presses du réel, 2023), 27. Nota de la editorial: traducción del francés por parte del autor.

3   Jane Bennett, *Vibrant Matter: A Political Ecology of Things* (Durham: Duke University Press, 2010), 59.

4   Margarida Garcia en conversación con Noël Akchoté, *Skug*, 27 de agosto de 2012: https://skug.at/ margarida-garcia-the-leaden-echo/

5   Roberto Barbanti, 2023, 59. Nota de la editorial: traducción del francés por parte del autor.

6   Compuesta por Ana Baliza, Ana Manso, André Romão, Gonçalo Sena, Isadora Neves Marques, Joana Escoval, Margarida Mendes, Mariana Silva y Nuno da Luz, *Estados Gerais* fue una exposición y programa público de un año de duración que tuvo lugar en el espacio Arte Contempo de Lisboa, tras su experiencia colectiva como estudiantes de la Escuela de Bellas Artes de Lisboa.

7   La sonificación suele describirse como el uso del sonido no verbal para transmitir información, normalmente mediante la aplicación de datos y relaciones de datos a las propiedades de una señal acústica. Paul Vickers, «Sonification and music, music and sonification», en Marcel Cobussen, Vincent Meelberg, Barry Truax (eds.), *The Routledge Companion to Sounding Art* (Oxford: Routledge, 2017), 135-144.

8   Ursula K. Le Guin, «En suspendida admiración», en *Revista Fractal: Revista Iberoamericana de ensayo y literatura 81*, enero-abril de 2017, trad. Ilya Semo Bechet (*https://www.mxfractal.org/articulos/ RevistaFractal81Leguin.php*).

9   J. G. Ballard, «The Sound-Sweep», en Matthieu Saladin (ed.), *Tacet: Sound in the Arts* 4, 2015 [publicado originalmente en *Science Fantasy* 13, 39, febrero de 1960], 38-101.

10 «En definitiva, los animales son personas, o se ven a sí mismo como personas. Esta noción se asocia prácticamente siempre a la idea de que la forma manifiesta de cada especie es un simple envoltorio ("una prenda de vestir") que oculta una forma humana interior, normalmente solo visible a los ojos de la especie en cuestión o a ciertos seres transespecie como los chamanes». Eduardo Viveiros de Castro, «Cosmological Perspectivism in Amazonia and Elsewhere», *HAU Journal of Ethnographic Theory*, Masterclass Series 1, 2012: 135, https://haubooks.org/viewbook/masterclass1/cosmological_perspectivism.pdf

11 *Ibid.*, 48.

12 Stefan Helmreich, «Transduction», en David Novak, Matt Sakakeeny (eds.), *Keywords in Sound* (Nueva York: Duke University Press, 2015), 222-231.

13 Stefan Helmreich, «Waves: An Anthropology of Scientific Things», en *HAU Journal of Ethnographic Theory* 4, 3, 2014, https://www.journals.uchicago. edu/doi/full/10.14318/hau4.3.016.

14 *Ibid.*

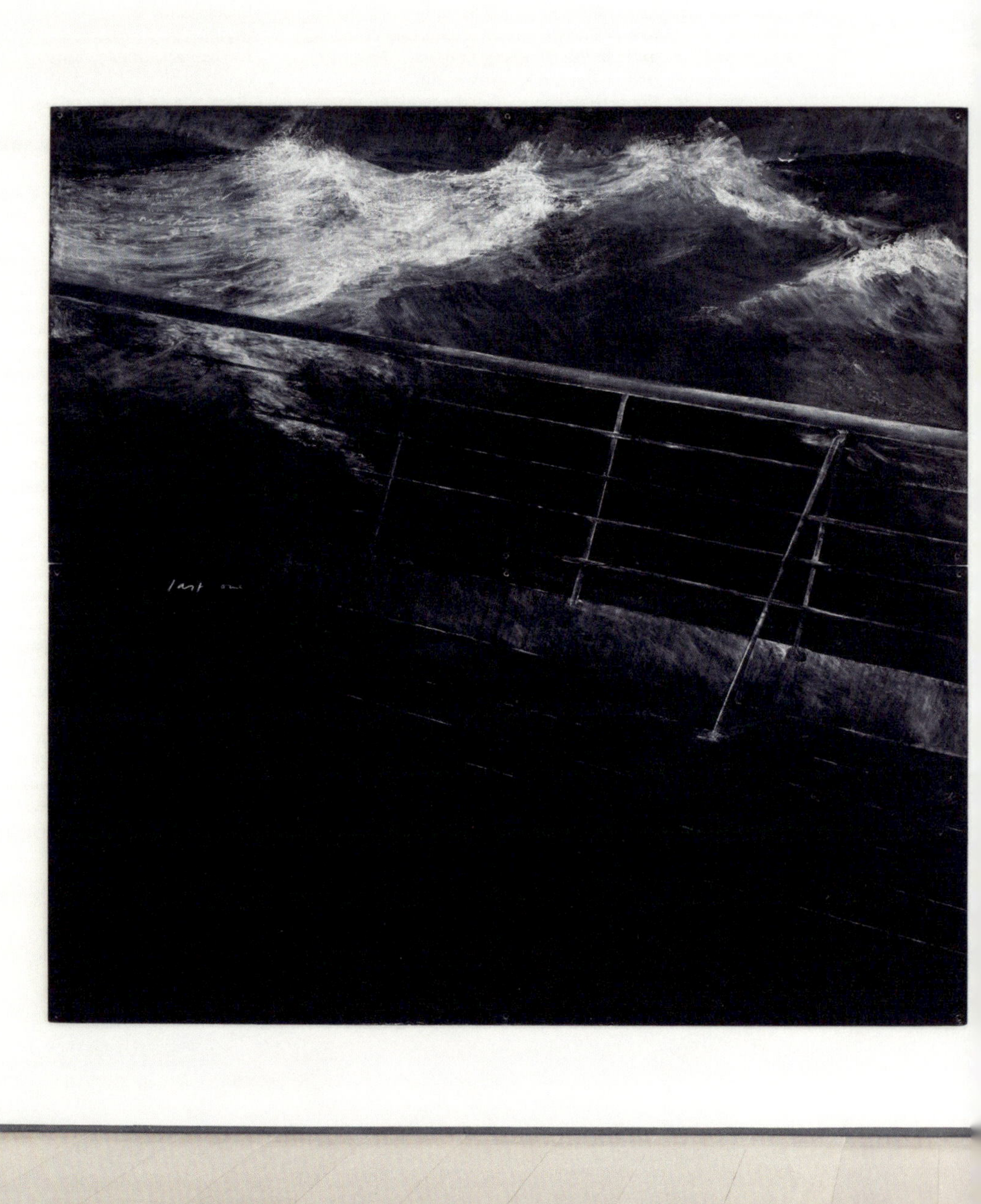

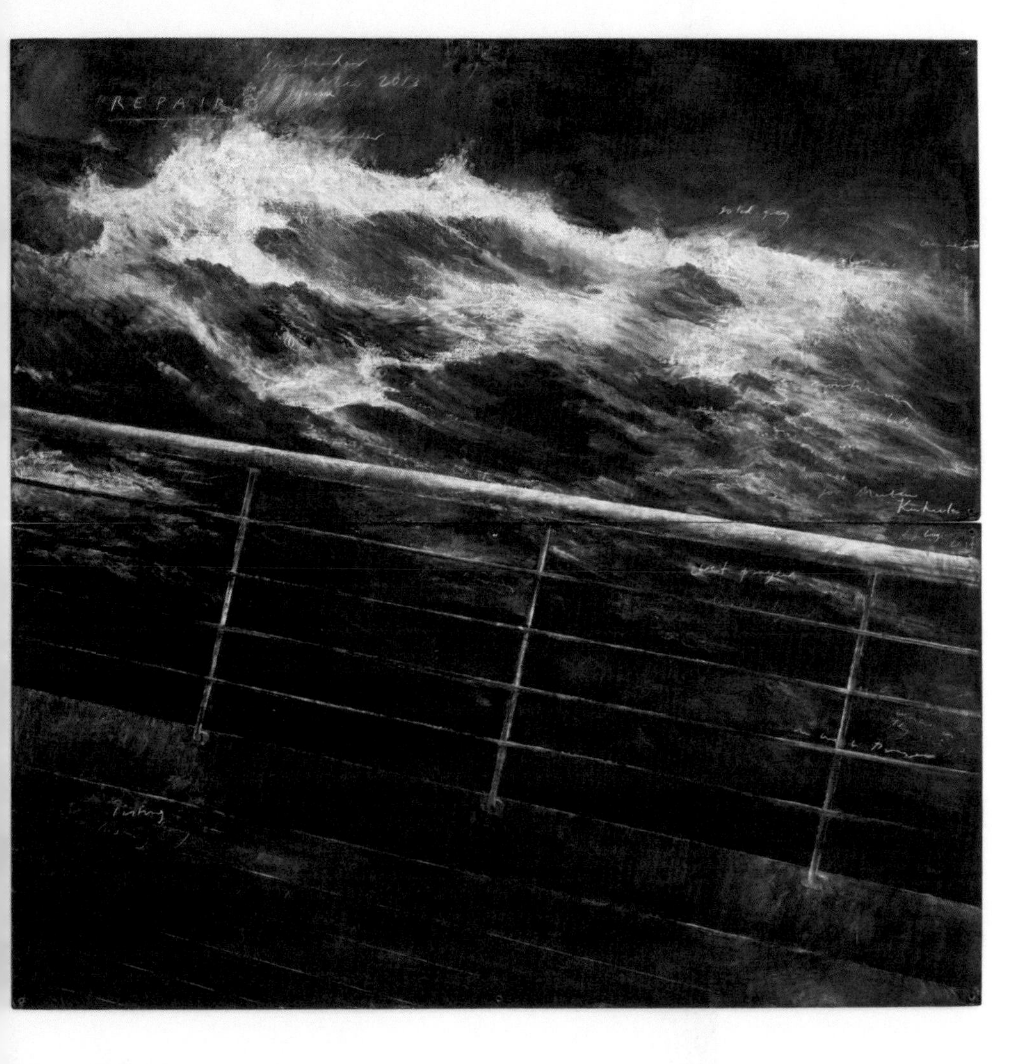

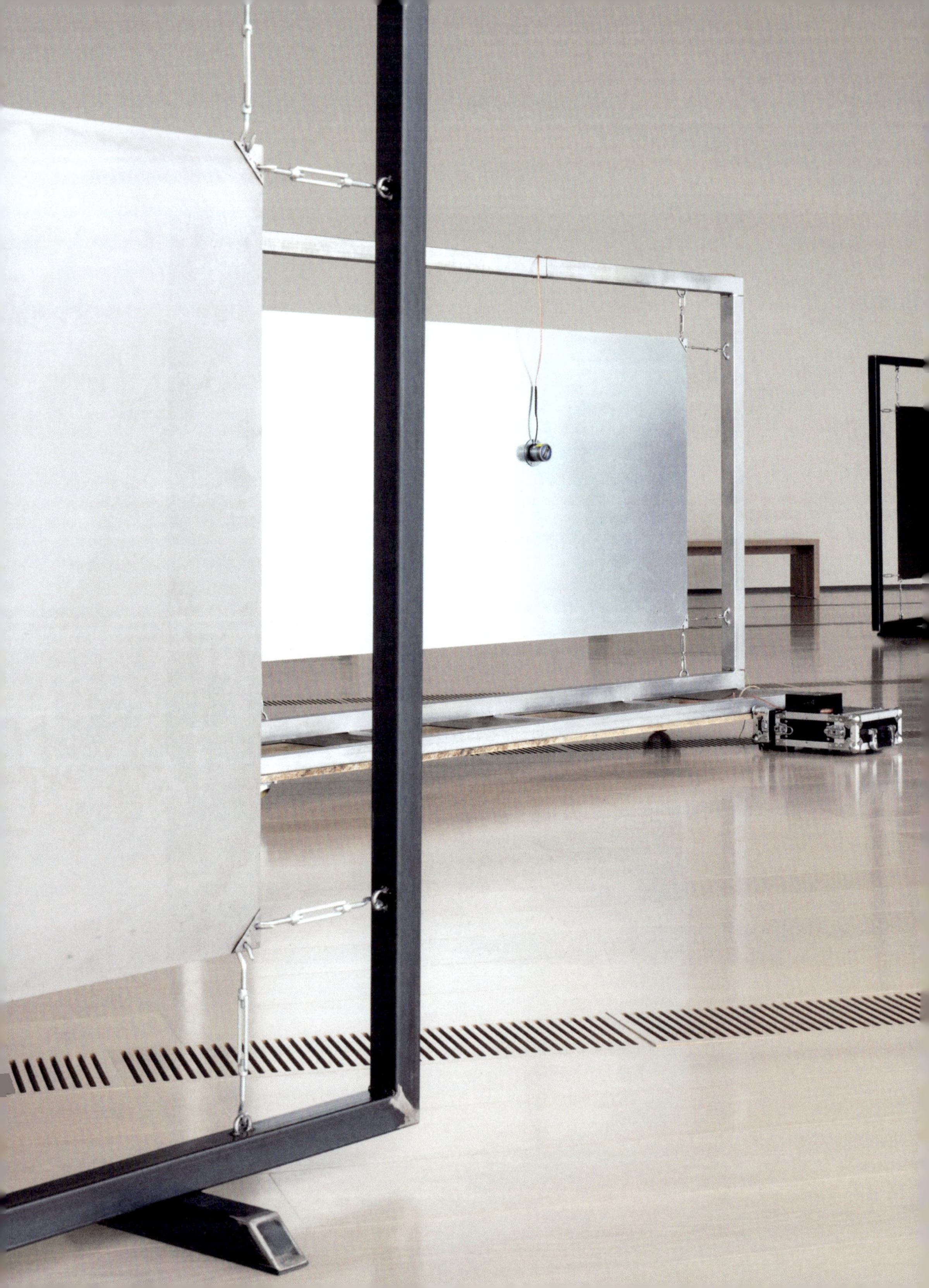

FROM ENTANGLEMENTS TO RESONANCES
Nuno da Luz in conversation with Bárbara Rodríguez Muñoz

1.

BRM I am typing these words as I listen to the rhythmic sound of waves crashing and whales' grunts, squeaks and moans from your radio programme at Radio Relativa station, *Música de Campo: Radio Océano*. Could you tell me more about field recording as both research and artistic medium, and what you call "echology"? Here, I am interested in the neurological link between sound waves and emotional effects, which makes field recording a conduit to create a more profound and empathetic relationship with our natural surroundings. I believe sound waves incorporate the environment in one's body.

NDL Even if listening is only one of the many senses — one of our many doors of perception — it does strike me as intrinsically environmental, and it has to do with what you just said. Sound waves do connect the environment to one's body, since listening entails a very physical involvement with the medium we find ourselves in: when speaking about hearing through one's ears, our timpani or eardrums — basically very fine and taut membranes, like those of a drum — are repeatedly struck by air set in motion by specific sonic pressures, from the very minute to the very loud. Anthropologist Tim Ingold speaks of listening as the body being *enwinded*: "being swept up in the currents of the medium."[1] Even aural divergent forms of listening imply an inescapable bodily involvement with the physicality of sound, especially long waves. A 200 Hz (200 cycles per second) soundwave, travelling at 343 m per second through air at 21ºC, will roughly measure around 1,715 m, a scale close to that of an adult human. Below that, waves are considerably larger, meaning they are not so much apprehended through hearing, but felt by the whole body as it resonates with that stimulus. So, while intrinsic to the actual listening experience, the neurological link you mention is a fragment of a much bigger whole that is, in my view, responsible for the emotional affection and effects that connect us to our natural surroundings, for one, but also to manifold forms of sonic expression such as music.

The *Música de campo* radio series started out in jest: to compile as many songs as possible in which environmental sounds and field recordings played a role as essential as the music itself, in opposition to being relegated, as it happens too often, to the category of background noise. But while I consider that *Música de campo* and echology essentially do two very different things, the former operated a kind of reverse-engineering of the latter, inferring the sonospheric nature of our being-in-the-world from a very different form of listening: the playlist/mixtape format. The extra *h* in echology postulates ecology not as deriving from the Ancient Greek cognate οἶκος (*oîkos*, meaning "house"), but from ἠχή (*ēkhḗ*, meaning "sound"): that it is not so much thinking of sound in the world, but thinking the world through sound. Or in the words of philosopher of sound Roberto Barbanti: "It is not simply a question of paying attention to the role of sound phenomena in societal dynamics, but of understanding that the entire universe is in motion and vibrates, that other species also quiver and communicate, that this relationship concerns the multiplicity of earthlings and their modes of existence... Listening to the world has taught us that we cannot understand ourselves, if we do not take into consideration our own becoming alongside the other beings that populate it."[2]

2.

BRM For the exhibition at Centro Botín, you are creating a series of reverberation units: metallic membranes that convert any audio sound they receive into a physical vibration. Let's talk about the source of your real-time recordings and the environmental data that these membranes will relay — an encounter between ambient sound and weather conditions from outside the space and free improvisations by musicians from the Portuguese free music context — and how you envision these resonances will occupy the space over the five months of the exhibition, turning the gallery into an acoustic, reverberating, body.

NDL Metal plates and instruments have long been a feature of my work. I have used copper plates, brass cymbals, bronze gongs and metal-coated survival blankets for their extraordinary resonant capabilities. There is a strong dynamic aspect to their solidity and resistance, beautifully put by writer Jane Bennett in her book *Vibrant Matter*, conjuring what Deleuze and Guattari call the "nomadism" of matter: "metal 'conducts' (ushers) itself through a series of self-transformations, which is not a sequential movement from one fixed point to another, but a tumbling of continuous variations with fuzzy borders."[3] In solid state, atoms in metal alloys are arranged so closely together that any externally applied energy or pressure rapidly spreads throughout the material, and once resistance and damping are overcome, atoms have no chance but to flex. This infra-structure is therefore highly resonant, since atoms cannot help but vibrate sympathetically. This close proximity also causes energy to build up rapidly when excited continuously, leading to strong dissipation in non-linear or chaotic cascades of inharmonic noise. Think of a drum cymbal being struck. It is not by chance some of them are named "crash" or "splash" cymbals.

These physical capabilities led to the development of reverberation units, more commonly known as plate reverbs, in the 1950s. Large steel metal plates, less than a millimetre thick, could be coaxed into resonating by way of a driver (the mechanical part of a loudspeaker, made of a magnet and a metal coil that oscillate when fed with an electric signal; the differences in signal change the relative distance between coil and magnet thus outputting this difference as sound waves). They were incredibly smaller than echo chambers (actual rooms built and furnished with different materials, for the purpose of adding reverberation time to in-studio recordings) that had been the industry standard until the 1940s, and could add around 5 to 7 seconds of reverberation time to any sound they received. Still, weighing around 250kg, at 2,00 m long by 1,00 m tall, they were too cumbersome and difficult to use, meaning the miniaturisation afforded by microchips and digital effects units rendered plate reverbs obsolete by the early 1980s.

The idea to recreate plate reverbs and have them be the *loci* of a series of performances by different musicians, accompanied by the actual ambient sound just outside the gallery at Centro Botín, came, in fact, from the exhibition title itself: *Enredos* (Entanglements). While thinking of how to bring together the atmospheric, the environmental and the ephemeral in dialogue with the building and the exhibition, I was reminded of an interview by musician Margarida Garcia regarding her solo album *The Leaden Echo*, 2013, that consists exclusively of electric double bass recorded onto a 4-track tape recorder. Garcia says that "with the background hiss, which was somewhat accidental, it gave me and it an outer frame, a room with a window to the outside."[4] Although, I have taken it to its literal and logical conclusion by including a live audio feed from the surrounding ambience in order to deviate the plate reverb from its original use: no longer simulating an echo chamber, but replacing the hinges that are absent from Centro Botín's actual windows; allowing a sort of opening to the outside. Inspired by the entanglements at the origin of Garcia's album — whereby musician, instrument, music, surface noise, recording technology, and the surrounding environment are inextricably intertwined — I wished to proliferate the number of possible tangles, hence inviting other musicians besides Garcia. But still maintaining and allowing certain degrees of autonomy: each musician playing at a different date, at a rate of one performance per month over five months, in a relay series; all having an extensive practice in improvisation and exploring expanded instrumental techniques.

We start with a solo by Pedro Alves Sousa on saxophone in late spring; that turns into a duo with a collaboration between Inês Tartaruga Água and Xavier Paes; then, into a trio with João Pais Filipe on metal percussion; later, into a quartet with Angélica Salvi on harp; and finally ending as a quintet in early autumn with Margarida Garcia on electric double bass. Or more accurately, it ends as a dectet or a double quintet, since each musician's contribution will be time stamped by the actual external surrounding ambience around Centro Botín, as it elapsed while the performance was underway. Which is why it is called "Collected Airs." A term I borrowed from North-American guitarist Loren Connors's album title *As Roses Bow: Collected Airs 1992–2002*, 2007, — an air or ayre being a short, miniature song for a solo voice or instrument with a strong lyrical bent.

The gallery thus becomes this acoustic, reverberating body, not once but twice over: one as each musician's performance is fed into each plate, alongside its respective external ambience; and a second time, as it is played back via the plate into the space. There is a reiteration here that reinforces the natural resonant frequencies of the gallery, virtually making the whole edifice vibrate sympathetically. It reminds me of something I immediately thought when you first told me about the concept for *Enredos*: if it had been me, I would easily have called the exhibition series *Resonancias* instead, since that is how I understand the relationships between the works from the collection and my own. And by inference, the relationships between the plates and the musicians, between the musicians and the environment, between the environment and the building, between the building and the other artists' works, *ad infinitum.*

3.

BRM Alongside field recording, collective music making and improvisation are at the core of your practice. I am interested in your emancipatory conception of free improvisation as an alternative form of community making.

NDL Somehow, I came to regard both practices as two sides of the same coin. According to this metaphor, they would always be oppositional: although paradoxically non-concomitant, one would not exist without the other. That is partially true since field recording entails committing a specific moment in time to tape, forever crystallising it according to its In and Out points (and leaving everything else that came before or after unregistered). Collective improvisation is, at least in principle, unrepeatable, rendering any attempt of recording it pointless. So, in one way, my practice has been devoted to finding ways out of this conundrum: how to avoid the artifice of capturing life for later playback and thus emptying it of élan vital? Or how to infuse playback with the urgency of split-second decisions, actions, and events, which align with both improvisation and the living, breathing dynamic processes we are part of — elements of any given environment and its irreducible character?

In a certain way, I am trying to pierce *that* coin, since both offer, at least to me, fundamental clues on how we can survive and navigate through the ongoing compounded catastrophes of climate change, growing inequality, environmental destruction, territorial dispossession and plundering, racial and gender divides, etc. Roberto Barbanti describes this task as such: "faced with the evident demonstration of the ongoing catastrophe, if we are not capable of setting up collective, direct, sensitive, critical and free modes of relationship, truly determined to hear the Other... we will be lost"; offering only a very simple tool for respite: "that, in order to assume joint responsibility for the commons, the productions, the vital alances and the socioplanetary reconstruction that is in front of us, we will need to be all ears, to listen carefully to the complexity of it all."[5] And that is exactly what field recording and free improvisation can teach us: to be all ears, to listen carefully to the Other. This implies that commonality/community does not derive from the identical, the same, the uniform or the universal, but from listening for difference. Between the self and the other, what we truly have in common is the hiatus of difference. Free improvisation exacerbates this by constantly reaffirming each individual's unwavering responsibility towards the group as rooted not in unison (doing exactly the same as everyone else) but in polyphony (each person's commitment to expressing themselves individually while improvising collectively). Musically or socially, I am speaking of pointing towards a communion *in* and *of* difference. From this gap, we can organise the possibility for something *else* to emerge, something that changes the vibrational spheres of one another by friction, dissonance or sympathetic resonance. Always polyvocality, never unison.

4.

BRM This takes us nicely to speak about one of the works selected for this second edition of *Enredos: Signals, Calls and Marches*, 2006, by Asier Mendizabal, a prolonged drum roll reminiscent of military music. Rather than a musical score, Mendizabal offered the drummer an essay as a proposition for free improvisation. This essay digs into the history of different music movements (free jazz, punk music) alongside a description of Poblado Aristrain, a Basque suburb built in the 1960s for factory workers' families. There is in the sound and the text a certain tension, between the regulated (military marches, the layout of the *poblado*) and the emancipatory (free jazz, punk), which I also find in your work: i.e. the balance between the "sonification" of precise scientific data with free forms of noise making.

NDL Asier Mendizabal's *Signals, Calls and Marches* was shown in what, until now, had been my only experience in a curatorial role, albeit a collective one. In 2009, together with a large group of artists/friends, we curated the exhibition programme *Estados Gerais* (Estates General), featuring Mendizabal's work in the first act, *Republic or The People's Theatre*.[6] At the time, I was not aware of the score-like prescriptive essay that generated the sound piece — which now more than ten years after seems to refract the work even more, in an extraordinary array of lights. Mendizabal's threading of Free Jazz (especially saxophonist Albert Ayler's take on military marches and the New Orleans' Jazz marching bands) into punk's indebtedness to military aesthetics is key to understanding an underground history that connects both sides of the ocean. It became more apparent with bands such as The Thing, in Sweden, or Zu, in Italy, at the beginning of the 2000s; in turn, feeding on saxophonist and composer John Zorn's extreme noise projects from the 1990s like Naked City, Painkiller or his 2000s formation Moonchild. From the names of these bands I gather you can easily get at the shock-and-awe tactics they employ in their music. I mention all this to say that in Mendizabal's investigations on the aesthetics of institutional power and the resistance movements thereof, I find a very clear *poethics* of form (yet another extra *h* makes an appearance!): aesthetics as inseparable from ethics, which is why Mendizabal's work already spoke so much to us in 2009. I was also starting my investigations into sound as an ecological matter of study (without yet knowing of acoustic ecology, bioacoustics and so on) and I could intuit that there was something akin to what I saw in Mendizabal's work as a poethics.

If at the time I was still unaware of sonification[7] as a noise-making tool, it didn't take long to understand the shortcoming of its promise: to translate certain incommensurable events into digestible sound form, like making ambient music by using plants' electrical stimuli as prompts; but also, its more pronounced breakthroughs: to translate data and information in the form of sensible and tangible energy as physical

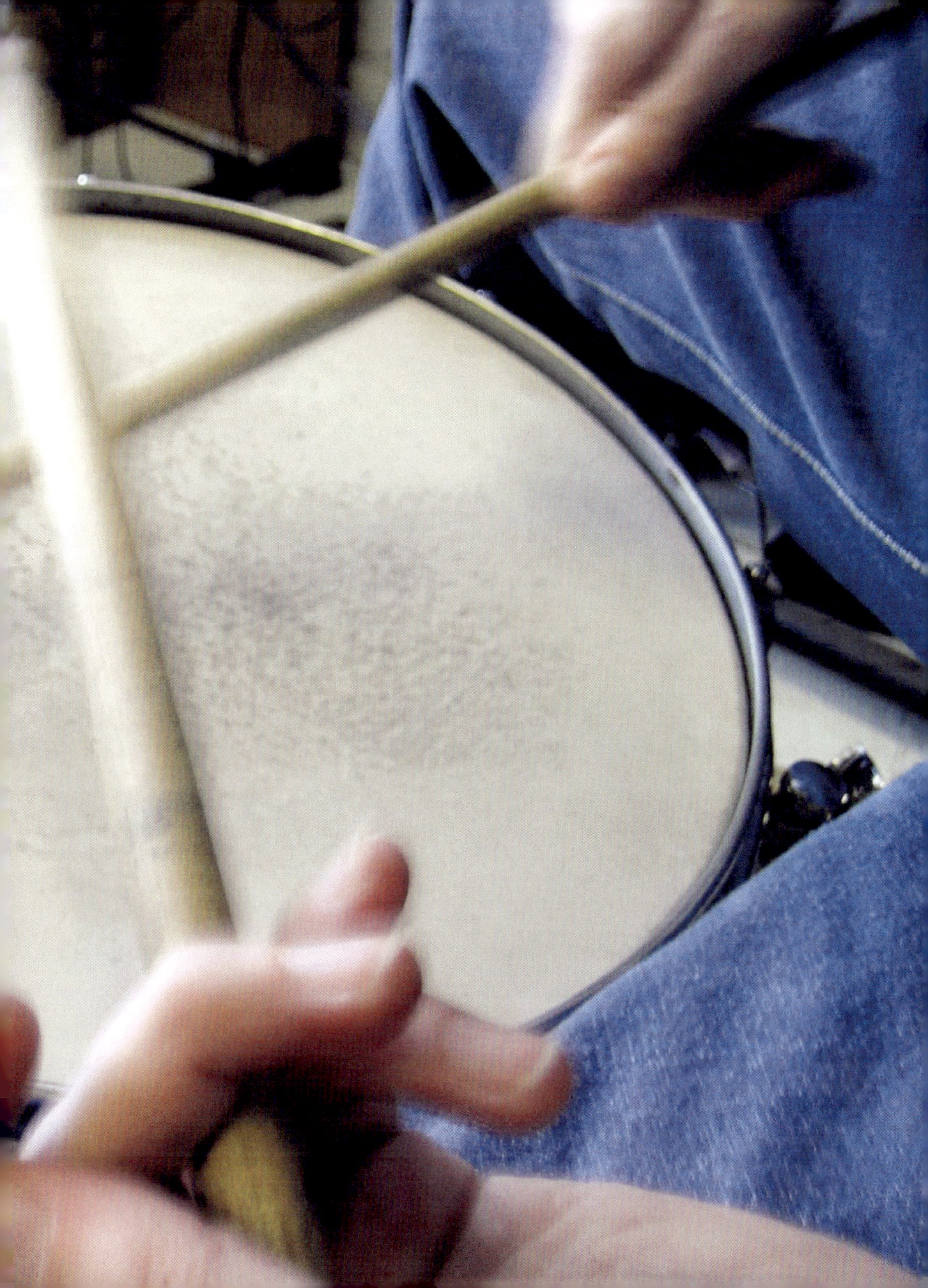

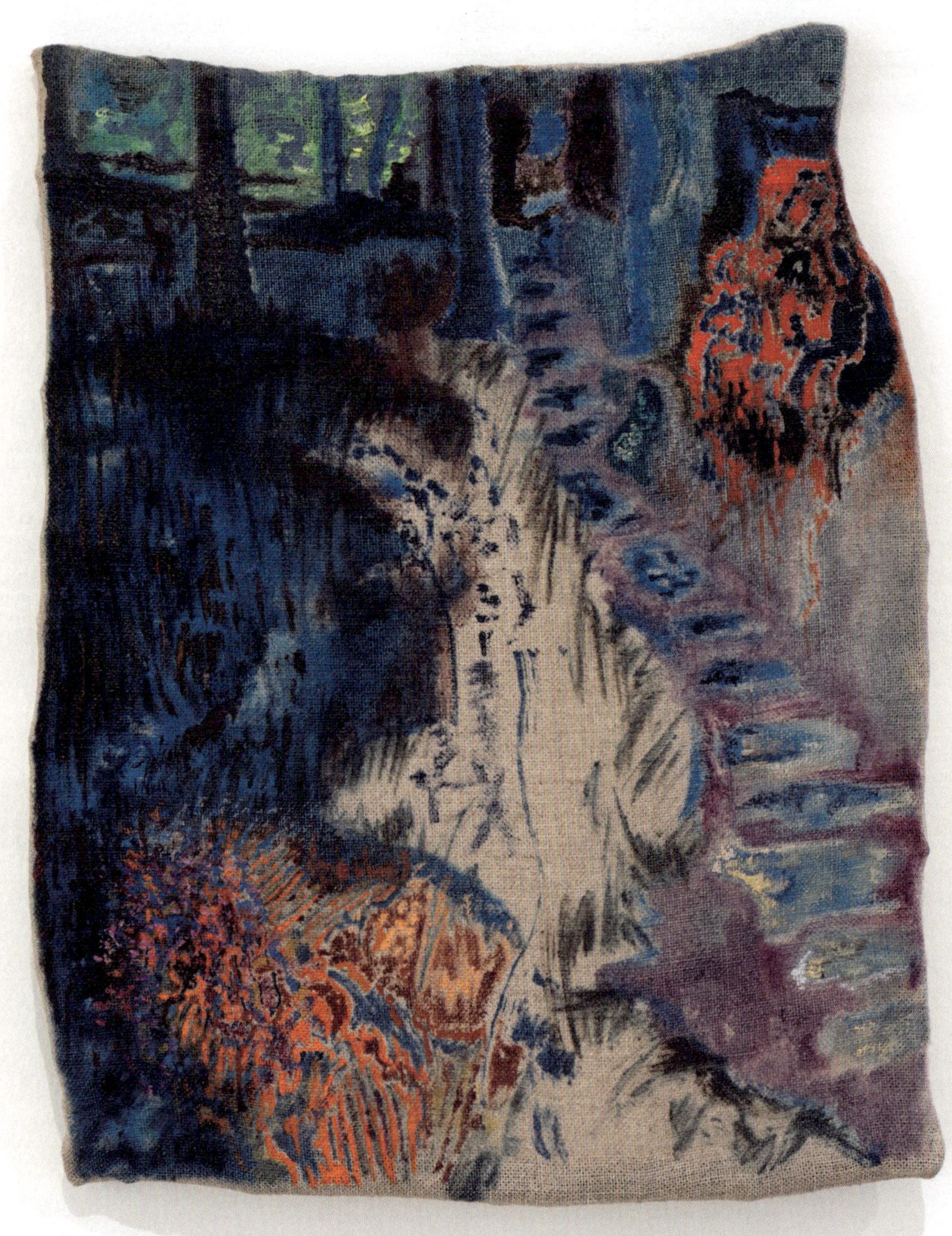

vibration. In that sense, what you call "precise scientific data" has a complicated history with the concept of noise: most data sets dismiss noise in order to better perceive patterns and trends — noise being any data too discrepant in relation to the average observations or calculations. If it falls beyond certain thresholds, it constitutes noise since its calculation would force the data set to deviate. Well, I am precisely interested in that divergence, bringing noise back into the sample. Not as a way of confusing or contradicting conclusions, but in accord with the nature of vibration: warbly, fluttering, quivering, oscillating, vacillating, uncertain; like most forms of free music; like the weather.

5.

BRM I have been reflecting on your beautiful encounter with Javier Arce in his studio in the Cantabrian valleys. Formally, your work is very different, but there is a process in Arce's paintings of "recording" or attuning to the environment, to a specific time, with a heightened and embodied sensitivity to weather, light, and the beings that inhabit it, that takes me to your eco-philosophical approach: images, like sounds, can linger and continue to resonate across time and space.

NDL I didn't know the work of Javier Arce before we started to work on *Enredos II*. So, I am deeply grateful for the introduction to his work, the person and the territory. I now find it impossible to look at Arce's paintings without being transported to the hills that surround his and Belén Rodríguez's house, studio, garden. In that sense, the paintings work in more ways than one as records of that specific place and Arce's way of inhabiting it. They transpire how Arce has been suffused with the essences of the place, while they themselves seem infused, involved, *enwinded* in the same fragrances and vapours that emanate from the surrounding forests and fields. That images in general do linger and resonate across time — especially when compared with the transient qualities of sound waves — seems almost too obvious to state. Yet, I believe what you're getting at is that, in the case of Arce's images, it is not only the painterly aspect of it, but that they integrate what came before them, what was already there, and transpire what happened in the making.

I will make a giant leap and say that Arce's work has nothing to do with landscape in the same way my work has nothing to do with soundscape. While we are both indebted to our own respective *continua*, we are not interested in the surface conformation they propose. I will speak for Arce as well in saying that what we have in common — in opposition to the classic tenets of the traditions that preceded us — is that neither one of us understands oneself as an external observer contemplating the world from a viewpoint or perspective positioned as if outside the frame. Instead, we search for implication in the world, in the sense that Ursula Le Guin talks about: "Poetry is the human language that can try to say what a tree or a rock or a river *is*, that is, to speak humanly *for* it, in both senses of the word *for*. [...] Science describes accurately from outside, poetry describes accurately from inside. Science explicates, poetry implicates."[8] An ecopoethics, if you will. Perhaps painting, then, is too reductive of a term to describe Arce's work, although I'd like to keep the term "image" to describe it. Especially given the tree mould featured in *Enredos*: an image of a tree! An artificial "skin" or bark made of glue and sawdust, portraying the outer rim of an ancient tree that was felled not so long ago at Arce's and Rodríguez's garden. I cannot think of a more accurate example of what it means to speak humanly *for* a tree and the multitudes it cultivated, in both senses of the word *for*.

6.

BRM In terms of the sculptural practices included in the exhibition, I remember you were impressed by Jorge Satorre's ability to synthesise a wide array of information into fragile, fragmented forms: in this show, the 106 baked clay objects inspired by sketches of hands and feet found in the archive of cartoonist Miguel Covarrubias. How does his chronicling process relate to your work?

NDL When we first discussed with Jorge Satorre how to include his works from the collection in *Enredos II*, he stressed the importance of the interplay between the sculptural fragments and the wall drawings that sometimes accompany them. A duality that forces our attention to constantly go back and forth between one and the other. In my opinion, Satorre is working at the crossroads of two different but complementary proposals of how to render something visible: that in order to see better one needs to see less; and by seeing less, certain aspects are enhanced. No matter how partial or fragmentary, these reductions stand in for a whole that is utterly inaccessible. It is definitely indebted to the way cartoons are distillations of far more complex ideas using the least possible means, but I also see Satorre's way of moving through the figurative akin to how *moiré* patterns function as magnification tools: whenever an array of identical objects is viewed through an array of lenses with approximately the same pitch or slit size, the overall structure is revealed in the most detailed way. I am speaking of *moiré* interference patterns making apparent the subtending transformations that they themselves produce, whether through rotation, motion, scaling or other shape transformations. And this is analogous to the way I think

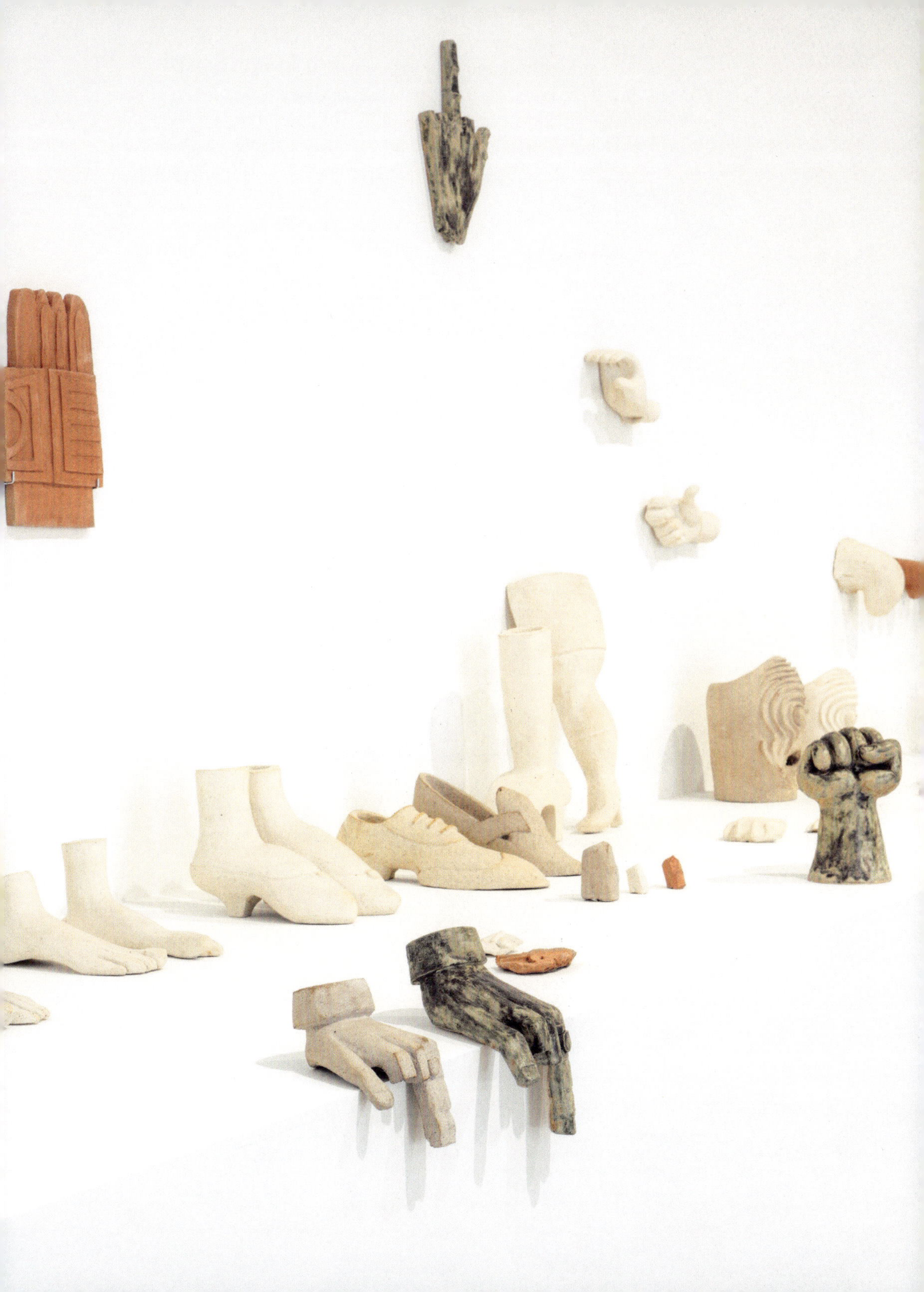

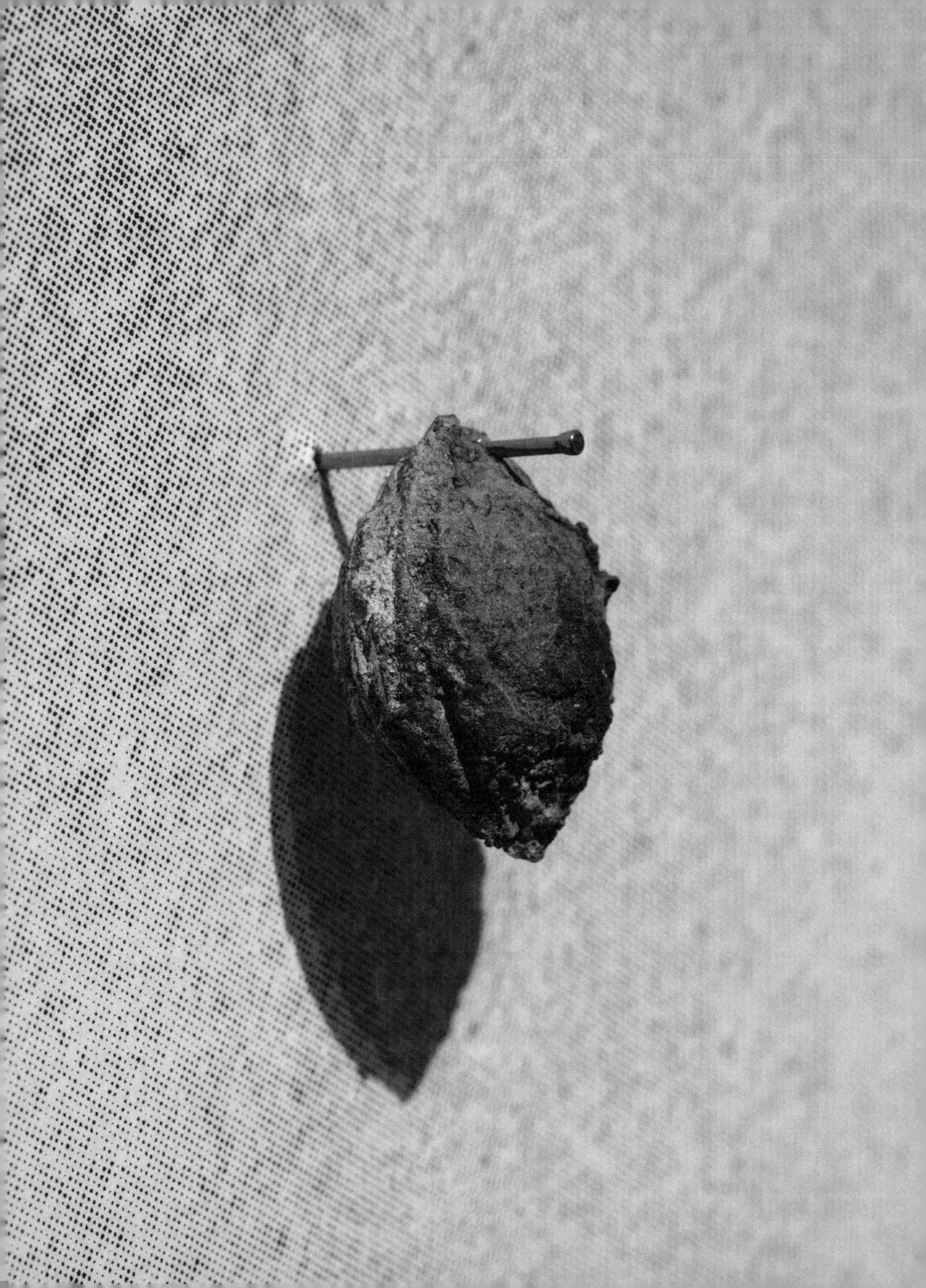

about working with sound. In most cases, it will be an excerpt
or a sample of a much larger environmental process. Concentrating on a specific acoustic interaction or effect reveals and
magnifies all these other facets that may be beyond its mere
acoustic imprint. Instead of thinking of these as optical or
psychoacoustic illusions, I think of them as interferences,
perceptual irritations, that help us fill in the blanks of a bigger picture.

I think of Satorre's scatterings of clay objects as obviously close to archaeology: trying to make sense out of fragments and remnants through speculation and hypothesis as
models for knowledge. In my case, however, an archaeological
record is much more elusive since sound does not leave
traces. Or does it? In the short story *The Sound Sweep*, 1960,
J.G. Ballard imagines teams of sound sweepers surveying and
scouting an unnamed city with their *sonovacs* (i.e. sonic vacuum-cleaners) for any lingering echoes of past sounds, lest "unswept
sonic resonances ... build up to a critical point where they'll
literally start shaking buildings apart."[9] Like Satorre, I am
also alluding to the lacunar in archaeology, but in this case,
to archaeoacoustics: how resonant spaces reveal themselves
through reactivation. No wonder here at Centro Botín, I'm
titling one of my works after Ballard's fictitious *Metropolitan
Sonic Disposal Service* — my own attempt at synthesising
a wide array of information into a fragile, fragmented form;
doubling up as a process that chronicles the exhibition's course.

7.

BRM You were also drawn to Katinka Bock's "sculptural shapings" which, like
your work, embody temporality and space. Uncannily, the sculpture we have
in our collection is titled *Feuilles de temperatures* (temperature charts)!

NDL It's true the title immediately caught my attention. And it being
suspended, thin copper sheets, I could not help but be
enthralled! Later, Katinka Bock and you guided me through
the different iterations and applications of these same copper
plates in her work. To my understanding, these sheets were
originally roof tiles from the dome of the Anzeiger Hochhaus
building, which was built in the 1920s in Hannover. Bock
retrieved them after they had been discarded during renovation works. So, these green-patina copper sheets were
exposed to the weather for almost 100 years, as an architectural feature! That is, well before Bock breathed new life into
them, recycling and refashioning them as different works,
travelling to different locations from Hannover to São Paulo,
through Paris and Santander. It is one of those cases where
reality definitely surpasses fiction. For a moment, I did nur-

ture the thought of intervening in one of the *feuilles* (sheets) by fitting it with a transducer. When set in vibration, what stories and events could these historically-charged materials tell us about their manifold "tumblings of continuous variations with fuzzy borders" and of the world across the years? But even (seemingly) inert, they do. After all, copper is one of the most conductive metals. We just need to be all ears. The fact that one of Bock's most monumental works made with these same *feuilles* is titled *Rauschen* (meaning "noise" in German) is not lost on me.

8.

BRM We talked about how Damián Ortega's paranormal masks conjure other beings, animals and plants, and their spirits. How do they dialogue with your approach to ecology?

NDL Damián Ortega's masks were another big surprise, given the works Ortega tends to be known for. The changes in scale, materials and technical solutions, from the large-scale installation work to these small-scale, almost personal objects, speaks, as you referred to before, to the social, personal and material constraints of the Covid confinements when the masks were made. But in the words of Belgian philosopher Isabelle Stengers, "constraints are not limits." And Ortega's masks attest to exactly that. Not as some mode of proudly displaying the resilience shown throughout that period, but above all by showing the modes of resistance to the strictures of late capitalist societies — turbocharged beyond recognition while deeming who was able to social distance and who wasn't. And masks wield the power of activating a different body: the potential of shapeshifting, of metamorphosis. Brazilian anthropologist Eduardo Viveiros de Castro has a very simple (almost simplistic) translation of the concept of Perspectivism he first distilled from something he repeatedly observed in several Indigenous ontologies: "it is not so much that the body is a kind of clothing, but rather that clothing is a kind of body."[10] When donning Ortega's masks, I wonder what beings we would become? In other words, I sense a potential for trans-specific experience through the donning of masks that I personally see as a form of resonance because it is predicated on reciprocity. Where the "variable bodily appearance, characteristic of each individual species... rather than being a fixed attribute is instead a changeable and removable clothing."[11] Although I neither think artists are shamans (except those who are), nor shamans, artists (except those who are), art holds a space of resistance against the elimination of imaginaries that precedes and follows the manifold forms of colonial and

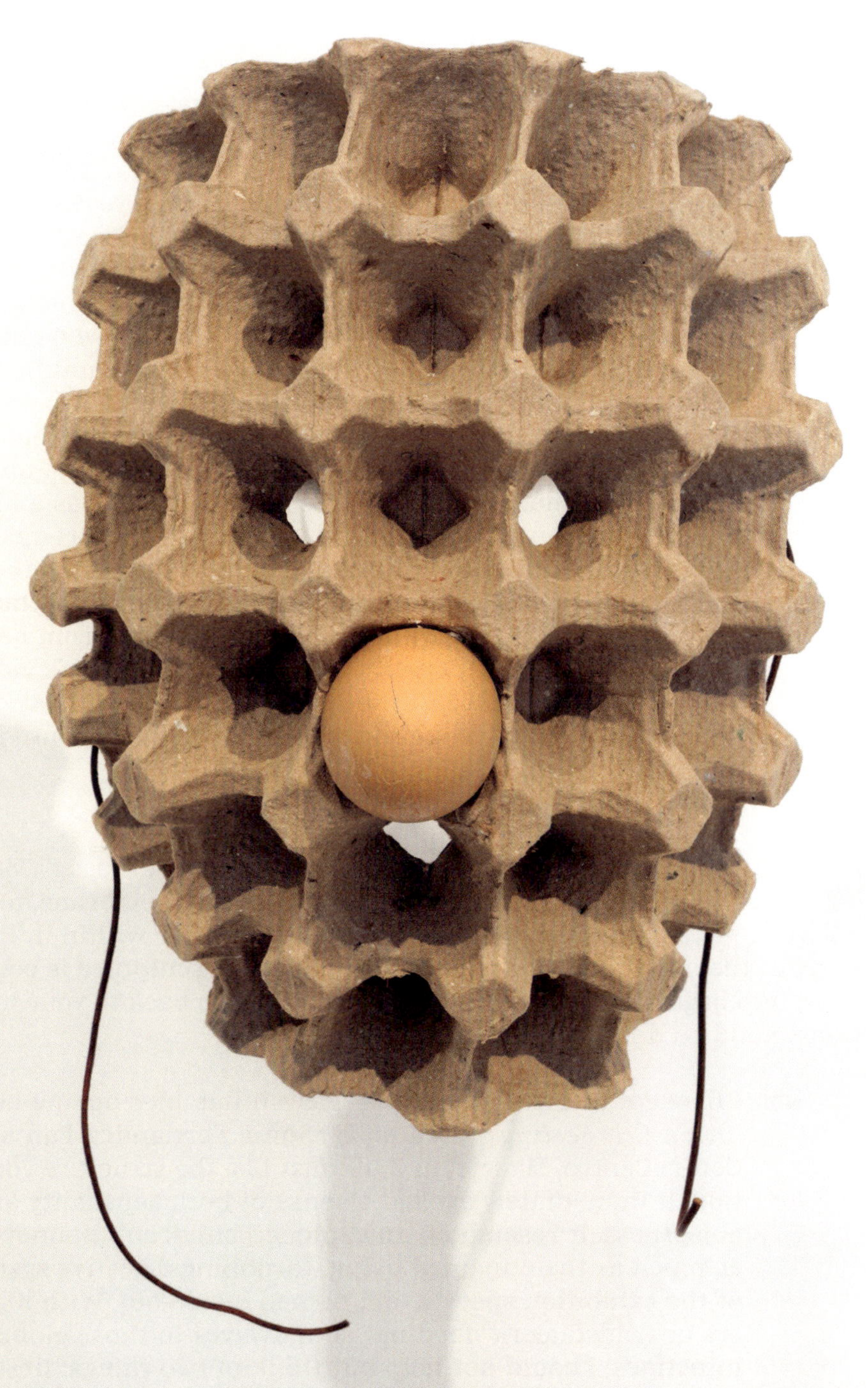

capitalist expropriation and dispossession, environmental, human, and otherwise, we have witnessed for the best part of the last 500 years.

9.

BRM I am also wondering about how you imagine the visual and the sonic in June Crespo & Maddi Barber's *Core* — the industrial noises of excavating stone in a mine and the hand that molds Crespo's cement sculptures — will tune in with the works and atmosphere of the exhibition.

> NDL Knowing June Crespo's body of work for some years now, I was always taken by the way her approach to sculpture relies so much on material tension. Objects seem to either have been submitted to incredible pressures or kept under huge amounts of stress. Some are explicitly presented as such, while others seem to be what was left after the fact. Crespo and Barber's video attests to this in so many ways, without ever being descriptive or didactic. It lets processes "speak" *for* themselves, especially given the attention to how they speak, the noises they make. It helped me recognise Crespo's work as a lot noisier than the usual silence found in galleries and art spaces. As eminently physical and transformative processes that have historically shared similar materials and resources, the connections between mining and sculpture are far from new. But I believe the temporality of Crespo and Barber's video can reconfigure sculpture beyond its external static husk, as inherently indebted to terraforming, with all of its consequences and implications.

10.

BRM This material tension you describe is also palpable in Eva Fàbregas' *Oozing #3*, an entangled colourful sculpture which skin — or a sensorial membrane, to refer back to your work — resists the pressure produced by the air within it. In this way the energy of the air that has been pumped inside the sculpture is converted and modulated into organic, visceral shapes, which takes me back to your work with waves as embodied and malleable entities.

> NDL I first got to experience Fàbregas's inflatables during her exhibition *Gut Feelings*, curated by Sonia Fernández Pan at CentroCentro, Madrid, in 2019. Just like the structure you mention, it immediately evoked a sense of both sensuality and abjectness. It resembled an exploded children's bouncy castle as much as the unnamed living, throbbing digestive system of the exhibition space itself, turned inside-out. With its speakers or transducers "feeding" soundwaves to those globular intestines, I could not help but think of two things: first, about the actual physical effect of specific wavelengths on our bodies

130

and our guts — low-frequency waves are known to induce
motion sickness in some people — and how they could help
engage sonically with the trillion bacteria that make up
our intestinal flora! And second, that for all the erotic potential their tactility unleashes, Fàbregas's entanglements speak
directly to the metabolic potential of guts beyond actual
digestion: energy conversion — something I am also keenly
devoted to.

Conversion, for me, is intimately related to another
quality of energy: its ability to move across or between media
— transduction. In the words of anthropologist of science
Stefan Helmreich, "Transduction names how energy changes
as it traverses media, as it undergoes transformations in its
substrate..., as it goes through transubstantiations that modulate both its matter and meaning."[12] Transducer is perhaps
another name for interface or catalyser: any instance, element
or device that converts and modulates one form of energy
into another. Transduction evades surface conformation by
turning any boundary layer into a sensorial membrane.
A process to which both Fàbregas and I are quite partial to,
as you can see! Whether it's Equiknoxx's participation in
Gut Feelings, pumping the inflated globular chambers with their
particular approach to bass music, or my own re-injection
of the Centro Botín's very own infrasonic physical vibrations
into the walls that trace *Enredos II*. It goes back to Jane
Bennett's "tumbling of continuous variations with fuzzy borders." I see this same vibrational quality in each material
or substrate through which energy may run or be conducted
through.

11.

BRM Let's finish like we started, with the roaring of waves, I can hear them power-
fully crashing when I contemplate Tacita Dean's immense blackboard drawing.
Can you?

NDL Since I was still an art student, Tacita Dean's blackboards
have stuck with me. The circular and cyclical structures of her
films, where time elapses as much as it is suspended, is further decanted by these drawings, which by any conceivable
measure of time should no longer be there. The chalk powder
should have long fallen from the board, just by the action
of time itself. Their immense fragility roars back louder than
most other depictions of ocean waves I know of. And I have
obsessively recorded the sound of the ocean surf for several
years now. But it may also speak to the extreme difficulty of
extricating waves from the ocean, agitation from the wind and
currents. Like the scientific anthropologist Stefan Helmreich

states in a lecture on waves, they simply do not exist in themselves: "they materialize as events," and for wave scientists "waves are texts — media that might be read for something of the planet's future state."[13] For these scientists, Helmreich argues "waves flicker between reality and representation."[14] They're mash-ups, highly complex objects when seen from that perspective. But waves are also media, carrier waves for a myriad of transmissions from near and far. Dean's drawings, in their inherent, suspended ephemerality, speak exactly of that. I can only hope we can be all ears, and listen carefully to their restless, ceaseless roar.

1   Tim Ingold, "Against Soundscape" in Angus Carlyle (ed.), *Autumn Leaves: Sound and the Environment in Artistic Practice* (Paris: Double Entendre, 2007), 12.

2   Roberto Barbanti, *Les sonorités du monde: De l'écologie sonore à l'écosophie sonore* (Dijon: les presses du réel, 2023), 27. Ed. Note: Translation from the French by the author.

3   Jane Bennett, *Vibrant Matter: A Political Ecology of Things* (Durham: Duke University Press, 2010), 59.

4   Margarida Garcia in conversation with Noël Akchoté, *Skug*, 27 August 2012, https://skug.at margarida-garcia-the-leaden-echo/

5   Roberto Barbanti, 2023, 59. Ed. Note: Translation from the French by the author.

6   Composed of Ana Baliza, Ana Manso, André Romão, Gonçalo Sena, Isadora Neves Marques, Joana Escoval, Margarida Mendes, Mariana Silva, and Nuno da Luz, *Estados Gerais* was a one-year exhibition and public programme at Arte Contempo art space, in Lisbon, in the aftermath of their collective experience studying together at Lisbon's Fine Arts School.

7   Sonification is commonly described as the use of non-speech sound to convey information, typically through the mapping of data and data relations to properties of an acoustic signal. Paul Vickers, "Sonification and music, music and sonification" in Marcel Cobussen, Vincent Meelberg, Barry Truax (eds.), *The Routledge Companion to Sounding Art* (Oxford: Routledge, 2017), 135–144.

8   Ursula K. Le Guin, "Deep in Admiration" in *Late in the Day* (Oakland: PM Press, 2016), 75.

9   J.G. Ballard, "The Sound-Sweep" in Matthieu Saladin (ed.), *Tacet: Sound in the Arts* 4, 2015 [Originally published in *Science Fantasy* 13, 39, February 1960], 38–101.

10 "In sum, animals are people, or see themselves as persons. Such a notion is virtually always associated with the idea that the manifest form of each species is a mere envelope (a 'clothing') which conceals an internal human form, usually only visible to the eyes of the particular species or to certain trans-specific beings such as shamans". Eduardo Viveiros de Castro, "Cosmological Perspectivism in Amazonia and Elsewhere," *HAU Journal of Ethnographic Theory*, Masterclass Series 1, 2012: 135, https://haubooks.org/viewbook/masterclass1/cosmological_perspectivism.pdf

11 Ibid., 48.

12 Stefan Helmreich, "Transduction" in David Novak, Matt Sakakeeny (eds.), *Keywords in Sound* (New York: Duke University Press, 2015), 222–231.

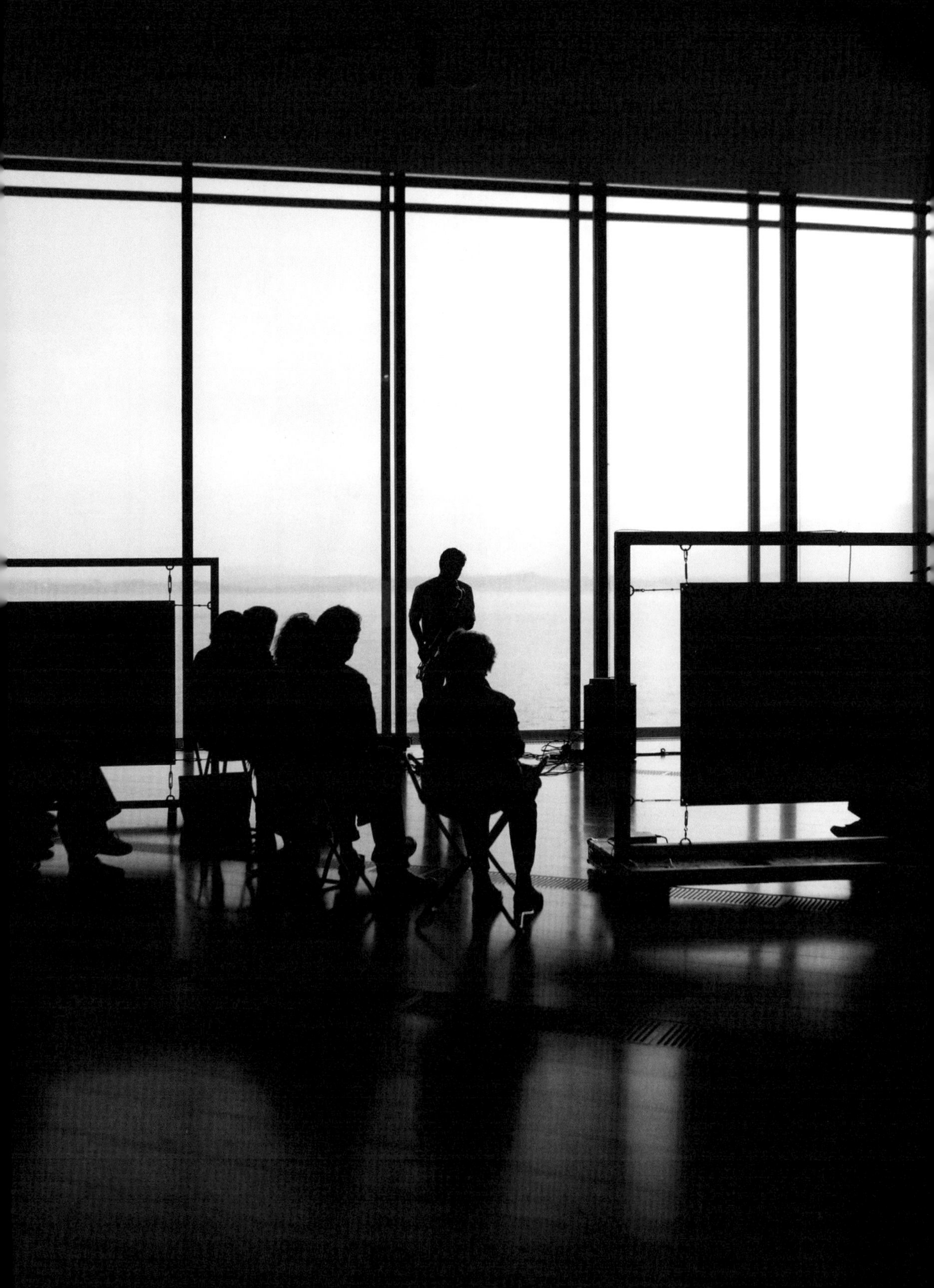

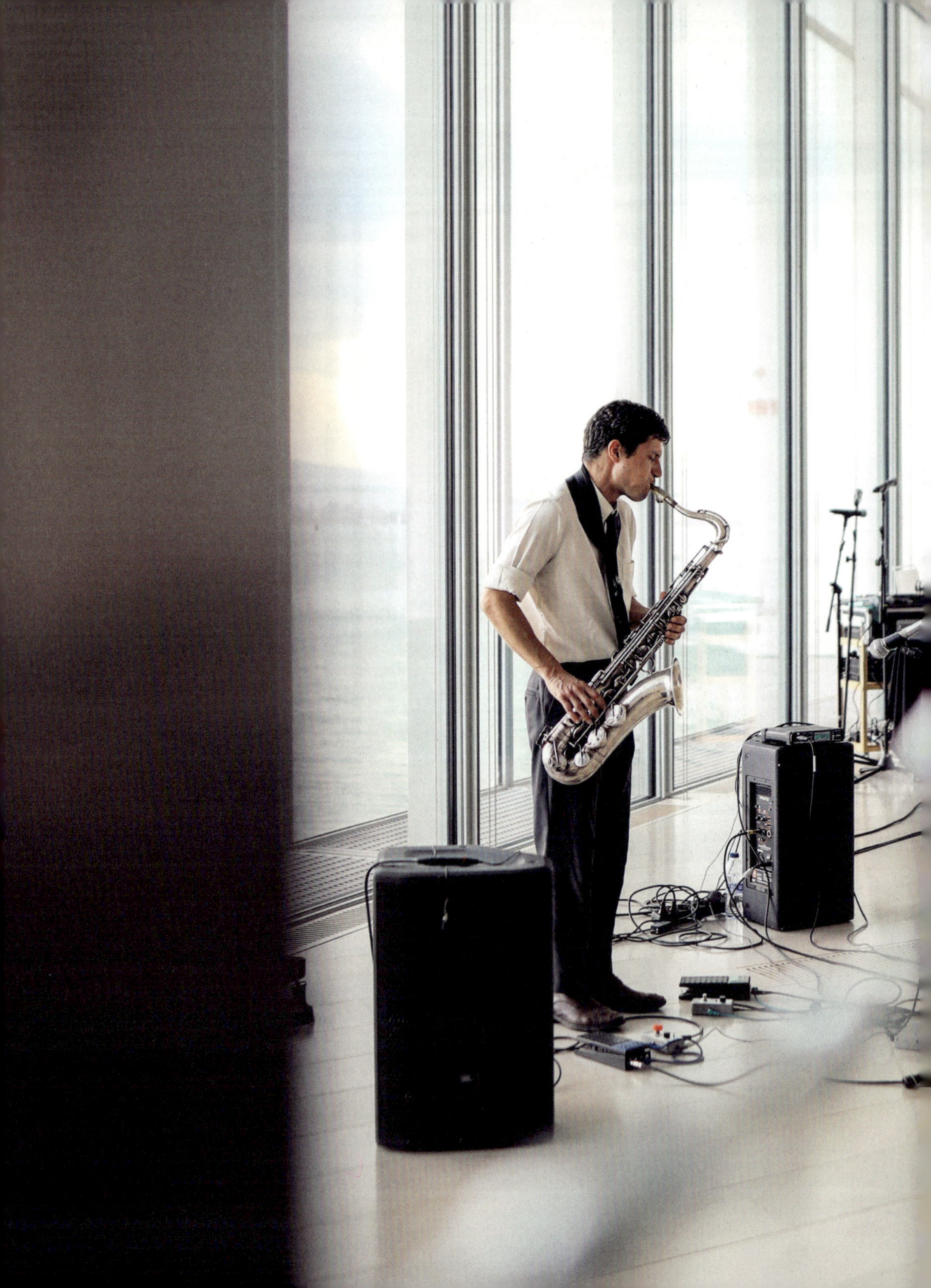

IMPROVISACIÓN Y DEMOCRACIA
Nuno da Luz

La noción de *free music* (música libre) vincula las reivindicaciones por la autodeterminación, las luchas de liberación y las políticas emancipadoras con la defensa vehemente de la libertad de expresión. El *jazz*, acuñado por primera vez por el músico y compositor Ornette Coleman, se convirtió en libre no solo como contemporáneo del movimiento por los derechos civiles, sino como parte intrínsecamente implicada en él, ejerciendo de banda sonora de la lucha contra la segregación, la discriminación y la privación de derechos de la población negra estadounidense. Era «libre» porque tenía una correlación directa con la liberación de la opresión y la subyugación, política y social, así como compositiva y formal. En las notas del álbum *Free Jazz: A Collective Improvisation by The Ornette Coleman Double Quartet*, 1961, Coleman afirma: «puedes oír a los demás seguir construyendo juntos de una forma tan bella que la libertad se vuelve incluso impersonal»[1]. El ejercicio de la voluntad propia en la improvisación no liberaba tanto al yo ni al colectivo, sino que contribuyó a sentar las bases del empoderamiento colectivo. En palabras de Amiri Baraka:

> «La nueva música empezó a llamarse a sí misma *free* (libre), y es social y está en comentario directo sobre la escena en la que aparece. Una vez libre, es espiritual. Pero es conmovedora antes, después, en cualquier momento, de cualquier modo. Y lo espiritual y libre y conmovedor debe mezclarse con lo práctico, como práctico, como existente, en cualquier lugar[2].»

En las notas del álbum de Leroy Jenkins y Rashied Ali *Swift Are the Winds of Life*, 1976, el poeta Stanley Crouch afirma que «en la música que se ha desarrollado en las dos últimas décadas, (la improvisación) responde a otro propósito, y ese propósito es el mismo que tenía en los tiempos del conjunto de improvisación colectiva de Nueva Orleans: despejar el aire»[3]. Lo libre en el *jazz* ayudó a despejar el aire y nivelar el campo, radicalmente reimaginado como libre de ataduras respecto a las estructuras y restricciones que se habían impuesto a los pueblos que se dejaron «sin cultura… sin memoria. Sin historia»[4]. Entonces, como ahora, la improvisación amplía el propio campo de lo posible, abriendo el potencial y el espacio para una memoria alternativa, colectiva y futura. Afirma la irreductibilidad del uno al todo, al tiempo que reconoce la inextricabilidad de la contribución de cada individuo a un esfuerzo colectivo, comunitario: arraigado no en el individualismo y el virtuosismo —«la libertad se vuelve incluso impersonal»—, sino en una esencia compartida que impregna a toda criatura que respira…

> Pensemos en el alma como *anima*: espíritu (*spiritus*, aliento), como lo que lleva el aliento o el viento vivo. Somos animados porque respiramos. Y el espíritu que respira en nosotros, que nos anima, que nos impulsa, crea las piezas por las que vamos recorriendo nuestro camino y es la caracterización final de nuestras vidas. Esencia/Espíritu[5].

La improvisación es la constatación de que la libertad tiene lugar, no como un ideal o un horizonte político, sino como un torrente de expresión del espíritu interior. Imbuida y sostenida por la fuerza vital inagotable e inquebrantable del alma, la libertad es la llamada al sonido de una búsqueda conjunta para recuperar la vida y el alma, el espíritu, la esencia. Improvisar libremente es luchar por la inconmensurabilidad de las formas humanas de expresión, indicando que son infinitas e ilimitadas; siempre que se entiendan a sí mismas luchando por la liberación de todos los pueblos y oponiéndose a toda forma de tiranía, ya sea armónica, rítmica, social, espiritual o política.

> La Nueva Música, o la Nueva Música Negra, va hacia el cambio. Es cambio. Quiere cambiar de forma. De lo físico a lo físico (de lo social a lo social) o de lo físico a lo mental, o de lo físico-mental a lo espiritual. Pronto esencias[6].

Para *Collected Airs*, 2025, las formas de expresión sostenidas dentro de los lenguajes libres e improvisados desarrollados por cada músico invitado tienen cabida para, una vez más, mostrar cómo la expresión musical y la interpretación en directo son herramientas para liberar el pensamiento y reconfigurar los sentidos. Las sensibilidades de Pedro Alves Sousa, Inês Tartaruga Água, Xavier Paes, João Pais Filipe, Angélica Salvi y Margarida Garcia para desafiarse a sí mismos constantemente, y el enfoque artesanal de las técnicas instrumentales ampliadas, muestra que «en la música que se ha desarrollado en las últimas dos décadas» en Portugal, la improvisación sirve para el mismo propósito «para el que servía en tiempos del conjunto de improvisación colectiva de Nueva Orleans: limpiar el aire». Contra todo pronóstico y con todos sus defectos, el estado de la experimentación sonora en Lisboa y Oporto reimagina radicalmente una llamada al sonido de una búsqueda conjunta para recuperar la vida y el espíritu como ruido, libre de las estructuras y restricciones que se habían impuesto a un pueblo silenciado durante 48 años de dictadura fascista y casi 500 años de un colonialismo interno del espíritu, que sigue reverberando hoy en día. La libertad solo se vuelve impersonal cuando se construye en común, como atestigua la rotación de cada músico invitado por diversos conjuntos de geometría variable. Pero aquí, el conjunto que improvisa colectivamente se encuentra en relevo, despejando progresivamente el aire del solo al quinteto.

Cada unidad o *collected air*, concebido como un conjunto evolutivo de cinco unidades de reverberación —placas de acero suspendidas acopladas a transductores de audio, que inundan cualquier sonido entrante en una reverberación de segundos de duración—, es el epicentro de un encuentro específico entre cada músico invitado —a quien se pide que improvise libremente y responda a las posibilidades acústicas de la unidad de reverberación— y el ambiente externo en tiempo real fuera del recinto, transmitido en directo y alimentado simultáneamente a la misma placa de reverberación. En el transcurso de cada actuación, se deja reproduciendo indefinidamente una grabación de la actuación del músico, junto con el ambiente externo de ese momento concreto. Gradualmente, cada reverberación de placa se hace eco de su propio «aire»[7] hasta que las cinco se quedan resonando juntas, difuminando los límites entre la escucha y la música, el sonido y el aire, el viento y la respiración, el yo y el entorno, la esencia y el espíritu. ¿O sería al revés? Hacer ruido y escuchar ni siquiera son dos caras de la misma moneda: ambas son la inmediatez indivisible e inextricable de la vibración, aunque sea dual. La resonancia simpática como liberación. Libertad de vibración. *La paz del cosmos es movimiento infinito*[8].

POR ORDEN DE APARICIÓN
Pedro Alves Sousa (Saxo, amplificación)
Inês Tartaruga Água y Xavier Paes
João Pais Filipe (Percusión)
Angélica Salvi (Arpa, electrónica)
Margarida Garcia (Contrabajo eléctrico)

1   Martin Williams, "Free Jazz: A Collective
    Improvisation" (notas), en The Ornette
    Coleman Double Quartet, *Free Jazz:
    A Collective Improvisation* [Album],
    Atlantic Records (1961).

2   Amiri Baraka, "The Changing Same
    (R&B and New Black Music)", en *Black
    Music* (W. Morrow, 1967), 193.

3   Stanley Crouch, "Swift are the Winds
    of Life" (notas), en Leroy Jenkins
    y Rashied Ali, *Swift are the Winds of
    Life* [Album], Survival Records (1976).

4   Amiri Baraka, 1967, 182.

5   Amiri Baraka, "Apple Cores #5:
    The Burton Greene Affair," *Ibid.*, 136.

6   Amiri Baraka, "The Changing Same
    (R&B and New Black Music)", *Ibid.*, 199.

7   Los *airs* o *ayres* son canciones o melodías
    cortas y melodiosas de raíces celtas o
    gaélicas, generalmente para una voz solis-
    ta o acompañada de un instrumento
    melódico como el violín, la flauta, el laúd
    u otros instrumentos capaces solo de
    arpegiar acordes en lugar de hacer sonar
    todas las notas de un acorde a la vez.

8   Amiri Baraka, "New Black Music:
    A Concert in Benefit of the Black Arts
    Repertory Theatre/School Live 1967",
    Ibid., 1967, 174. Nota: Énfasis en el
    original.

IMPROVISATION AND DEMOCRACY
Nuno da Luz

The notion of free music links claims for self-determination, liberation struggles and emancipatory politics with the vehement defence of freedom of expression. First coined by musician and composer Ornette Coleman, Jazz became free not only as a contemporary of the Civil Rights Movement but intrinsically involved in it, soundtracking the fight against segregation, discrimination and the disenfranchisement of Black Americans. It was "free" because it directly correlated with liberation from oppression and subjugation, political and social, as well as compositional and formal. In the liner notes to *Free Jazz: A Collective Improvisation by The Ornette Coleman Double Quartet*, 1961, Coleman states: "you can hear the others continue to build together so beautifully that the freedom even becomes impersonal."[1] The exercise of free will in improvisation did not so much liberate the self or the collective, but helped lay the groundwork for collective empowerment. In the words of Amiri Baraka:

> The new music began by calling itself "free," and this is social and is in direct commentary on the scene it appears in. Once free, it is spiritual. But it is soulful before, after, any time, anyway. And the spiritual and free and soulful must mingle with the practical, as practical, as existent, anywhere.[2]

In the liner notes to Leroy Jenkins and Rashied Ali's album *Swift Are the Winds of Life*, 1976, poet Stanley Crouch affirms that "in the music that has developed within the last two decades, (improvisation) serves another purpose, and that purpose is the same as it served in the days of the collectively improvising New Orleans ensemble: clearing the air."[3] The free in Jazz helped clear the air and level the field, radically reimagined as unbeholden to the structures and strictures that had been imposed on peoples made "cultureless... without a memory. No history."[4] Then, as now, improvisation expands the field of possibility itself, opening up potential and space for alternative, collective, future memory. It asserts the irreducibility of the one to the whole while acknowledging the inextricability of each individual's contribution from a collective, communal effort: rooted not in individualism and virtuosity — "freedom even becomes impersonal" — but in a shared essence that pervades every creature that breathes:

> Let us think of soul as *anima*: spirit (*spiritus*, breath), as that which carries breath or the living wind. We are animate because we breathe. And the spirit which breathes in us, that animates us, that drives us, makes the parts by which we go along our way and is the final characterisation of our lives. Essence/Spirit.[5]

Improvisation is the realisation that freedom takes place, not as an ideal or a political horizon but as a torrent of expression from the spirit within. Imbued and sustained by the inexhaustible, unbreakable life-force of the soul, free is the calling into sound of a joint pursuit to reclaim life and the soul, the spirit, the essence. To improvise freely is to strive for the incommensurability of human forms of expression, indicating they are infinite and boundless; as long as they understand themselves as vying for the liberation of all peoples, and opposing all forms of tyranny whether harmonic, rhythmic, social, spiritual or political.

> The New Music, or the New Black Music, is towards change. It is change. It wants to change forms. From physical to physical (social to social) or from physical to mental, or from physical-mental to spiritual. Soon essences.[6]

For *Collected Airs*, 2025, the sustained forms of expression within free and improvised idioms developed by each guest musician are given space to, once again, show how musical expression and live performance are tools for liberating thought and reconfiguring the senses. Pedro Alves Sousa, Inês Tartaruga Água, Xavier Paes, João Pais Filipe, Angélica Salvi and Margarida Garcia's sensibilities towards constantly challenging themselves, and the crafted approach to expanded instrumental techniques thereof shows that "in the music that has developed within the last two decades" in Portugal, improvisation serves the same purpose "it served in the days of the collectively improvising New Orleans ensemble: clearing the air." Against all odds and with all of its shortcomings, the state of sonic experimentation in Lisbon and Porto radically reimagines a calling into sound of a joint pursuit to reclaim life and the spirit as noise, unbeholden to the structures and strictures that had been imposed on a people made silent during 48 years of fascist dictatorship and almost 500 years of an internal colonialism of the spirit, which continues to reverberate today. Freedom only becomes impersonal when built together, as each guest musician's rotation through various variable geometry ensembles attests. But here, the collectively improvising ensemble finds itself in relay, progressively clearing the air from solo to quintet.

Conceived as an evolving ensemble of five reverberation units — suspended steel plates coupled with audio transducers, that drench any incoming sound in seconds-long reverberation — each unit or *Collected Air* is the *locus* of a specific encounter between each invited guest musician — asked to improvise freely and respond to the reverberation unit's acoustic possibilities — and the real-time external ambience outside the venue, streamed live and fed concurrently onto the same plate reverb. As each performance elapses, a recording of the musician's output, along with the external ambience of that specific moment in time, is left playing indefinitely. Gradually, each plate reverb echoes its own "air"[7] until all five are left resonating together, blurring the boundaries between listening and music, sound and air, wind and breath, self and environment, essence and spirit. Or would it be the other way around? Noise-making and listening are not even two sides of the same coin: both are the indivisible and inextricable immediacy of vibration, however dual. Sympathetic resonance as liberation. Freedom of vibration. *The Peace of the Cosmos is infinite motion.*[8]

IN ORDER OF APPEARANCE
Pedro Alves Sousa (sax, amplification)
Inês Tartaruga Água and Xavier Paes
João Pais Filipe (percussion)
Angélica Salvi (harp, electronics)
Margarida Garcia (electric double bass)

1 Martin Williams, "Free Jazz: A Collective Improvisation" (liner notes) in The Ornette Coleman Double Quartet, *Free Jazz: A Collective Improvisation* [Album], Atlantic Records (1961).

2 Amiri Baraka, "The Changing Same (R&B and New Black Music)" in *Black Music* (New York: W. Morrow, 1967), 193.

3 Stanley Crouch, "Swift are the Winds of Life" (liner notes) in Leroy Jenkins and Rashied Ali, *Swift are the Winds of Life* [Album], Survival Records (1976).

4 Amiri Baraka, 1967, 182.

5 Amiri Baraka, "Apple Cores #5: The Burton Greene Affair," Ibid., 136.

6 Amiri Baraka, "The Changing Same (R&B and New Black Music)," Ibid., 199.

7 Airs or ayres are short, melodious songs or tunes of Celtic or Gaelic roots, usually for a solo voice or accompanied by a melodic instrument such as fiddle, flute, lute or other instruments capable only of arpeggiating chords versus sounding all notes of a chord together.

8 Amiri Baraka, "New Black Music: A Concert in Benefit of the Black Arts Repertory Theatre/School Live 1967," *Ibid.*, 1967, 174. Note: Emphasis in the original.

pp. 12–13, 97
JAVIER ARCE
*Compartimentación de daños/disfunción
en los árboles*, 2025
Viruta de madera, yeso / Wood chips, gypsum
Cortesía del artista / Courtesy of the artist

pp. 12–13, 100–101, 125
JORGE SATORRE
Encuentro formal en el jardín, 2016
105 objetos de barro cocido / 105 terracotta objects
Colección / Collection Fundación Botín

pp. 86–87
NUNO DA LUZ
Foghorn, 2025
Sonido, estéreo, 30' / Sound, stereo, 30 min.
Producida por la Fundación Botín /
Produced by Fundación Botín

pp. 14–15, 112–113
TACITA DEAN
The Wet Prayer, 2013
Tiza sobre pizarra / Chalk on blackboard
Colección / Collection Fundación Botín

pp. 14–15, 16, 114, 133, 134
NUNO DA LUZ
Collected Airs (Aires recogidos), 2025
5 unidades de reverberación (chapas de acero, bastidores
de acero, transductores, amplificadores, reproductores
multimedia, caja de transmisión, micrófono), programa
de improvisaciones musicales en vivo / 5 reverb units
(steel plates, steel racks, transducers, amplifiers, media-
players, streambox, microphone), live music improvi-
sation programme.
Producida por la Fundación Botín con el apoyo de la
Embajada de Portugal en España. Programa cultural
Portugal-España: 50 años de Cultura y Democracia /
Produced by Fundación Botín with the support of the
Portuguese Embassy in Spain. Portugal-Spain Cultural
Programme: 50 Years of Culture and Democracy

Fundación Botín

Presidente / President
Javier Botín

Director general /
General Management
Iñigo Sáenz de Miera

Comisión asesora de arte /
Art Advisory Committee
Vicente Todolí (Presidente / President)
Paloma Botín
Udo Kittelmann
Manuela Mena
María José Salazar
Bárbara Rodríguez Muñoz

Directora ejecutiva del Centro Botín /
Executive Director of Centro Botín
Fátima Sánchez Santiago

Directora de exposiciones y de la colección /
Director of Exhibitions and the Collection
Bárbara Rodríguez Muñoz

Directora del departamento de arte /
Director of Art Department
Begoña Guerrica-Echevarría

Exposición y catálogo /
Exhibition and publication

Organiza y Produce /
Organisation and Production
Centro Botín, Santander

Comisarios / Curators
Nuno da Luz
Bárbara Rodríguez Muñoz

Coordinación / Coordination
Eva Alonso Mínguez
Manuel Diego Sánchez
Begoña Guerrica-Echevarría

Textos / Texts
Alejandro Alonso Díaz
Nuno da Luz
Gascia Ouzounian
Bárbara Rodríguez Muñoz

Traducciones / Translations
Patrícia Salvadó (Inglés a español /
English to Spanish)
Sam Simon (Español a inglés /
Spanish to English)

Fotografías / Photographs
Belén de Benito
Adriano Ferreira Borges / gnration
Nuno da Luz
Asier Mendizabal
Vicente Paredes

Edición / Publisher
Fundación Botín
Mousse Publishing

Disponible en / Available through
Mousse Publishing, Milan
moussemagazine.it

Dirección editorial / Publishing editor
Ilaria Bombelli

Diseño y control edición /
Design and Edition Supervision
Matteo Gualandris

Primera edición / First edition 2025

ISBN 979-13-990110-0-5
(Fundación Botín)
Depósito Legal / Legal Deposit
SA-205-2025

ISBN 978-88-6749-702-7
(Mousse Publishing)

€ 25 / $ 29,95

© de la edición / of the publication:
  Fundación Botín | Mousse Publishing
© de los textos y fotografías / of the texts
  and photographs: sus autores
© de la obra / of the works: los artistas

Agradecimientos/ Acknowledgments
La Fundación Botín agradece muy especial-
mente a Nuno da Luz haber hecho posible
este proyecto, y a los artistas Javier Arce,
Katinka Bock, June Crespo, Tacita Dean, Eva
Fàbregas, Asier Mendizabal, Damián Ortega y
Jorge Satorre, su vinculación a través de las
becas y talleres y su presencia en la colección
de la institución; y a los músicos Pedro Alves
Sousa, Margarida Garcia, João Pais Filipe,
Angélica Salvi, Inês Tartaruga Água & Xavier
Paes que han hecho posible incorporar en
la exposición sus improvisaciones musicales.

En particular, gracias a la Embajada de
Portugal en España por el apoyo en la pro-
ducción de *Collected Airs* (Aires Recogidos)
como parte de su Programa cultural Portugal-
España: 50 años de Cultura y Democracia,
y al Centro Oceanográfico de Santander
(Instituto Español de Oceanografía, IEO-CSIC)
que ha aportado datos imprescindibles para
la realización de *Bay of Santander Sonic
Disposal Service* (Servicio de eliminación
sónica de la bahía de Santander), 2025.
Y a todos los que han ofrecido su apoyo:
ArtWorks, Jesús Balbas, Maddi Barber,
Adrián Castañeda, Vera Cortês, Galeria Vera
Cortês, Mina K, Leo, Ana & Noua, Lucia
López, José Antonio Martín, Joana Mayer,
Izaskun Preciado, Juan Carlos Rodríguez,
Ana Patrícia Severino, Raquel Somavilla,
Beatriz Varrecoso, Eva Velasco.

Fundación Botín is very grateful to Nuno
da Luz for making this project possible,
and to artists Javier Arce, Katinka Bock,
June Crespo, Tacita Dean, Eva Fàbregas,
Asier Mendizabal, Damián Ortega and Jorge
Satorre, for their involvement through
the grants and workshops and their presence
in the institution's collection; and to the
musicians Pedro Alves Sousa, Margarida Garcia,
João Pais Filipe, Angélica Salvi, Inês Tartaruga
Água and Xavier Paes for sharing and
incorporating their musical improvisations
in the exhibition.

In particular, thank you to the Portuguese
Embassy in Spain for their collaboration in
the production of the Collected Airs as part
of their Portugal-Spain Cultural Programme:
50 Years of Culture and Democracy, and to
the Oceanographic Centre of Santander
("Instituto Español de Oceanografía", IEO-
CSIC) who provided essential data for the
realisation of the work *Bay of Santander
Sonic Disposal Service*, 2025. And to all of
whom have offered their support: ArtWorks,
Jesús Balbas, Maddi Barber, Adrián
Castañeda, Vera Cortês, Galeria Vera Cortês,
Mina K, Leo, Ana & Noua, Lucia López,
José Antonio Martín, Joana Mayer, Izaskun
Preciado, Juan Carlos Rodríguez, Ana Patrícia
Severino, Raquel Somavilla, Beatriz
Varrecoso, Eva Velasco.